MEDIACIÓN DE CONSUMO:

Nuevas tecnologías, *enforcement* y obligatoriedad, componentes imprescindibles para su expansión

MEDIACIÓN DE CONSUMO:

Nuevas tecnologías, *enforcement* y obligatoriedad, componentes imprescindibles para su expansión

Ignacio de Cuevillas

Atelier
LIBROS JURÍDICOS

Colección: Mediación y eficiencia

Directora:
Isabel Villar Fuentes
Profesora de Derecho procesal de la UCA

Este libro ha sido sometido a un riguroso proceso de revisión por pares.

© 2025 Ignacio de Cuevillas

© 2025 Atelier
Santa Dorotea 8, 08004 Barcelona
e-mail: editorial@atelierlibros.es
www.atelierlibrosjuridicos.com
Tel. 93 295 45 60

I.S.B.N.: 979-13-87543-26-6
Depósito legal: B 462-2025

Impresión: Podiprint

A mi amiga y compañera de proyectos intelectuales Dolores Cervilla, por su claridad doctrinal, su constante apoyo y su insistencia en seguir investigando, convirtiendo esta tarea en una experiencia enriquecedora y llena de nobles propósitos.

SUMARIO

ABREVIATURAS   11

CAPÍTULO PRIMERO
LA MEDIACIÓN DE CONSUMO Y LAS NUEVAS TECNOLOGÍAS . . .   13

   I.   INTRODUCCIÓN   13

   II. LA MEDIACIÓN TECNOLÓGICA   24

       1. Delimitación conceptual   24
       2. Marco jurídico   25
          2.1. Singularidades del mediador   33

   III. REFERENCIA A LA INTELIGENCIA ARTIFICIAL   39

       1. La personalidad de la Inteligencia artificial   46
       2. Sistemas basados en la IA: ¿quién responde?   58

CAPÍTULO SEGUNDO
EFICACIA JURÍDICA DE LA MEDIACIÓN   75

   I.   EJECUTIVIDAD DEL ACUERDO DE MEDIACIÓN   75

       1. Acuerdo de mediación elevado a escritura
          pública   82
       2. Acuerdo de mediación en sentencia, auto y/o
          laudo   88
       3. Acuerdo de mediación no elevado a escritura
          pública   90

II. El pacto de sometimiento a mediación 94

    1. Excepción declinatoria 95

    2. Excepción de transacción/mediación 102

III. Ejecución de acuerdo transfronterizo 104

Capítulo Tercero
Ejecución del acuerdo de mediación. 109

  I. Órgano competente: competencia territorial y
    funcional 109

  II. Plazos de espera y caducidad 111

  III. Representación y dirección técnica 114

  IV. Límites cuantitativos 115

  V. Ejecución dineraria y no dineraria 115

  VI. Procemiento 116

  VII. Eficacia jurídica del acuerdo sin intervención de
    mediador. 118

Capítulo Cuarto
De lege ferenda: obligatoriedad matizada 121

  I. Presentación de la cuestión 121

  II. Hacia la flexibilidad de la voluntariedad de la
    mediación 125

  III. Clases de mediación obligatoria. 128

    1. Ventajas y desventajas de una mediación
      obligatoria 132

    2. Italia, una normativa precursora 137

Bibliografía 145

ABREVIATURAS

art.	artículo
BOE	Boletín Oficial del Estado
CC	Código Civil
CE	Constitución Española
Cfr.	Conforme
COM	Comisión Europea
DL	Decreto Ley
ej.	Ejemplo
etc.	etcéra
IA	Inteligencia Artificial
LEC	Ley de Enjuiciamiento Civil
LGDCU	Ley General de Defensa de los Consumidores y Usuarios
LM	Ley de Mediación 5/2012
nº	núnero
núm.	número
ODR	online dispute resolution
op. cit.	obra citada
pág.	página

RDL	Resolución de disputas en línea
STC	Sentencia Tribunal Constitucional
STS	Sentencia Tribunal Supremo
TIC	Tecnologías de la información y de la comunicación
TRLGDCU	Texto Refundido de a Ley General para la defensa de los consumidores y Usuarios
UE	Unión Europea
vol.	volúmen
Vid.	Véase
VNC	Virtual Network Computing

Capítulo Primero

LA MEDIACIÓN DE CONSUMO Y LAS NUEVAS TECNOLOGÍAS

I. INTRODUCCIÓN

Es innegable la importancia del Derecho de Consumo en general y la resolución de extrajudicial de conflictos en particular (como es la mediación) en la vida diaria de cualquier ciudadano. La legislación en materia de protección de consumidores y usuarios es fundamental en la actualidad, pues hay una gran disparidad en las relaciones entre empresas y los consumidores, las primeras cada vez más grandes y con más poder, dejando a los ciudadanos al arbitrio de lo que ellas dispongan. Por ello, los poderes públicos, haciéndose eco de tal situación, comenzaron a establecer instrumentos jurídicos para la protección de los consumidores. Nuestra Constitución Española recoge en su artículo 51 que *los poderes públicos garantizarán la defensa de los consumidores y usuarios, protegiendo mediante procedimientos eficaces la seguridad, la salud y los legítimos intereses de los mismos.* Dicho precepto es el primero en nuestro ordenamiento jurídico que consagra la obligación de los poderes públicos de proteger a los consumidores. Posteriormente, en cumplimiento del mandato constitucional se promulgaron diversas normas como la Ley 26/1984 de 19 de julio, General para la Defensa de los Consumidores y Usuarios (LGDCU) y luego, varias normas de consumo son objeto de refundición normativa dictándose el Real Decreto Legislativo

1/2007 de 16 de noviembre, por el que se aprueba el Texto Refundido de la Ley General para la Defensa de los Consumidores y Usuarios (TRLGDCU).

En este panorama, la mediación de consumo resulta ser uno de los mecanismos que sirven para aumentar y mejorar la protección de los consumidores, y ello, porque la mayoría de las disputas que se producen en este ámbito no son apropiadas para gestionarlas por la vía judicial, ya que suelen consistir en reclamaciones de cantidades pequeñas (pérdida de una maleta en el aeropuerto) y al consumidor no le compensa un procedimiento judicial, fundamentalmente por motivo de tiempo y costes. En este sentido lo reconocía ya en el año 1993 el Libro Verde sobre el acceso de los Consumidores a la justicia en el que se afirmaba que los medios de resolución extrajudicial de conflictos son mecanismos que permiten mejorar el acceso a la justicia de los ciudadanos.

Dicho esto, veamos el fundamento y origen de este sistema alternativa de resolución de conflictos. La mediación suele hacer acto de aparición en el momento en que dos o más personas que tienen un conflicto entre sí, y que, a pesar de tratar de buscar una solución por ellas mismas, no logran alcanzar un resultado que satisfaga a todas las partes intervinientes, decidiendo recurrir al buen hacer de un tercero —mediador— que les ayude a encontrar una solución adecuada a ambos intereses contrapuestos.

Sabedores, que el conflicto[1] es algo intrínseco en las relaciones sociales desde sus orígenes, por formar parte de la na-

---

1. PALOU I LOVERDOS, J., "La mediación como sistema de resolución alternativa de conflictos. Una nueva visión del conflicto", 1º Congreso de mediación comunitaria, El Prat de Llobregat, Barcelona, 2000, texto manuscrito citado por GORDILLO SANTANA, L., *La justicia restaurativa y la mediación penal*, Iustel, Madrid, 2007, pág. 1. Dicho autor define al conflicto como "*aquella situación en la que se encuentran, por lo menos, dos partes, que tienen soluciones diferentes a un problema emergente que les afecta directa o indirectamente, diferencia de visión que es percibida negativamente por las mismas*". Al respecto, PARDO IRANZO, V., *La ejecución del acuerdo de mediación*, Thomson Reuters-Aranzadi, Pamplona, 2014, pág. 19, refiere que: "*...para la aplicación de cualquier sistema de*

turaleza humana, en la mediación se presenta como un elemento esencial. Basta con observar la convivencia social en nuestras ciudades, para advertir un aumento de la conflictividad, de allí la importancia de mostrar a los ciudadanos la importancia de atender a la solución de los conflictos antes de recurrir constantemente a los tribunales de justicia. En esta dirección, como señalamos antes, se orienta el Libro Verde de la UE (COM 2002/196) sobre *modalidades alternativas de solución de conflictos en el ámbito del derecho civil,* y por supuesto, el desarrollo de la mediación[2]. Diversas han sido las fórmulas esgrimidas a lo largo de la historia para organizar las relaciones sociales, sustentadas en normas morales, religiosas, pero, qué duda cabe que el Derecho como sistema normativo, consuetudinario o escrito adquiriere una relevancia primordial por su carácter obligatorio en relación a todos los miembros de una determinada sociedad y con independencia y su mayor o menor aceptación en un momento determinado. El conflicto se producirá al cuestionarse si una determinada conducta se adecua al modelo fijado en el ordenamiento jurídico.

Ahora bien, establecer una fecha precisa como comienzo de la utilización de la mediación como forma alternativa al tradicional proceso judicial a la hora de resolver los conflictos personales, sería un objetivo difícil de alcanzar. Si es cierto, que, según la doctrina, es, a mediados del siglo XX, el momento en el que podemos decir que aparece la mediación que se aplica profesionalmente en la actualidad[3] y principalmente, a lo largo

---

solución de controversias es la propia existencia de un conflicto; conflicto entendido en sentido amplio, es decir, como aquella situación de antagonismo entre los intereses de varias personas o, incluso, como aquél malentendido que hace a una persona tener la sensación de que su interés se ve amenazado".

2.   Ver GARCÍA VILLALUENGA, L., "La mediación civil en España: luce y sombras de un marco normativo", revista Política y Sociedad, núm. 1, 2013, pág. 71.

3.   Ver MIRANZO DE MATEO, S., "Quiénes somos, a dónde vamos…origen y evolución del concepto de mediación", *Revista de Mediación,* año 3, n° 5, marzo 2010, pág. 9. Este autor sostiene además que *"el antecedente más destacado es la Convención de la Haya de 18 de octubre de 1907 sobre solución de controversias internacionales. Con esta normativa se inicia el reconocimiento del arbitraje y*

de la última década del mencionado siglo los métodos de resolución extrajudicial han emergido y han proliferado, al calor de instituciones y programas dedicados a su aplicación y favorecidos por la creciente «fuga» del orden jurisdiccional al ámbito de lo privado. Resulta ya célebre la frase pronunciada por Hernández Gil, presidente del Tribunal Supremo, en su discurso ante las Cortes españolas en el año 1986: «En España la justicia es independiente pero ineficaz.»

Varios son los factores que van provocando una mayor aceptación de la mediación como procedimiento de gestión y de solución de conflictos intersubjetivos, la celeridad en la resolución, el coste del proceso judicial, el temor a una condena en costas, la confidencialidad sobre determinados asuntos, etc[4]. No obstante esta realidad, especialmente en el ámbito del Derecho de familia o en el Derecho de consumo, el proceso judicial continua siendo el sistema de resolución de contiendas más utilizado por los ciudadanos, quizás por falta de conocimiento o desconfianza en los métodos autocompositivos, lo que ha provocado una importante saturación en la Administración de Justicia, haciendo interminable la duración de los procesos judiciales, por lo que no es de extrañar, que sea un servicio de los peor valorados por las persona. Por ello, como veremos más adelante, en la labor de positivización y promoción de la mediación a nivel comunitario, hay que destacar la

---

de la mediación jurídica como medios no jurisdiccionales de resolución de conflictos. Este texto recoge el reconocimiento de la mediación jurídica como institución distinta tanto de la jurisdicción como de otros medios alternativos de solución de conflictos, tales como el arbitraje y la conciliación". En la misma dirección se expresa Baroma Vilar, S., op. cit., poniendo de relieve la importancia aportada por el pensamiento filosófico-jurídico de los años sesenta, nacido en el seno de la Universidad de Harvard, el *Critical Legal Studies* (pág. 24).

4.   En efecto, los instrumentos de solución alternativa de conflictos (*Alternative Dispute Resolution*), llamados coloquialmente ADR, otorgan una mayor flexibilidad que los procedimientos jurisdiccionales y pueden acomodarse de manera más idónea a las necesidades de las partes en conflicto, en definitiva, estos mecanismos son, en comparación con los procesos ante los tribunales de justicia, más económicos, breves, rápidos y sin tantas formalidades.

Directiva 2008/52/CE de 21 de mayo de 2008 sobre ciertos aspectos de la mediación en asuntos civiles y mercantiles[5].

Consecuencia de lo que venimos resaltando es el cambio que ha provocado nuestro legislador, tratando de agilizar la actuación jurisdiccional potenciando los llamados sistemas alternativos de conflictos. En su Plan Estratégico de Modernización del Sistema de Justicia 2009-2012, entre las medidas de actuación señalaba la necesidad de implantar y desarrollar N*uevos mecanismos de resolución alternativa de controversias", agregando que "esta actuación incluye una serie de medidas organizativas y legislativas que permitirán el progresivo establecimiento de procedimientos y sistemas para una solución de los conflictos jurídicos alternativos a la vía judicial.*

Como tendremos ocasión de analizar, en la actual Ley de Mediación en asuntos civiles y mercantiles, debemos destacar, por una parte, que la misma, en su preámbulo[6], considera la mediación como un instrumento complementario de la Administración de Justicia y no como un instrumento concreto de acceso a la justicia, como lo remarcó reiteradamente los tribunales de justicia[7], y por otra parte, la existencia de unos requi-

---

5.   La citada Directiva 2008/52/CE ha venido a armonizar el marco jurídico de la mediación en los 27 Estados de la Unión Europea, señalándola como una solución extrajudicial económica y rápida en conflictos civiles y mercantiles, y remarcando la posibilidad que los acuerdos resultantes se cumplan de manera voluntaria. En efecto, el artículo 3.a de la Directiva 2008/52/CE del Parlamento Europeo y del Consejo, de 21 de mayo de 2008, sobre ciertos aspectos de la mediación en asuntos civiles y mercantiles a la mediación como *un procedimiento estructurado, sea cual sea su nombre o denominación, en el que dos o más partes en un litigio intentan voluntariamente alcanzar por sí mismas un acuerdo sobre la resolución de su litigio con la ayuda de un mediador.*

6.   El Preámbulo de la Ley 5/2012, de 6 de julio establece: *"Entre las ventajas de la mediación es de destacar su capacidad para dar soluciones prácticas, efectivas y rentables a determinados conflictos entre partes y ello la configura como una alternativa al proceso judicial o a la vía arbitral, de los que se ha de deslindar con claridad.*

7.   El Tribunal Supremo manifestó: *"A la vista del fuerte enfrentamiento familiar entre madre e hijo, no puede por menos que recordar lo que ya ha dicho esta Sala en sentencias de 2 de julio de 2009, 3 de julio de 2009, 5 de mar-*

sitos básicos, entre ellos, la voluntariedad[8], resultando que ninguna persona puede ser obligada a ser conminado a la mediación, y menos aún, ser obligado a alcanzar un acuerdo final[9].

En cualquier caso. La racionalización del conflicto a través de la mediación siempre supone que ambas partes van a salir ganando frente al modelo clásico de enfrentamiento contenciosos donde siempre habrá una parte que gana y otra que pierde judicialmente hablando, o incluso una insatisfacción en ambas partes cuando sus pretensiones no son atendidas por el órgano jurisdiccional. Los acuerdos así adoptados, como señala Fol-

---

zo de 2010 y 20 de mayo de 2010 sobre la utilidad de la mediación que ya se contemplaba para asuntos civiles y mercantiles en la Directiva 2008/52 / CE del Parlamento europeo y del Consejo de 21 de mayo de 2008, en la *Ley 15 de/2009, de 22 de julio*, de la Comunidad Autónoma de Cataluña, de mediación en el ámbito del derecho privado y en el Anteproyecto de Ley de mediación en asuntos civiles y mercantiles, elevado al Consejo de Ministros por el de Justicia, el 19 de febrero de 2010. La *mediación, como modalidad alternativa de solución de conflictos, llega a soluciones menos traumáticas que la judicial que dicta sentencia interpretando y aplicando correctamente la norma jurídica, resultando un vencedor y un vencido, cuando los temas jurídicos, tanto más si son familiares, tienen o pueden tener un trasfondo humano, al que sí llega el instituto de la mediación* (Tirant online, Sala 1ª, 18/06/2010, ref. Tol1.888.171).

8.   En efecto, como señala la Exposición de Motivos de la Ley 5/2012, "*el modelo de mediación se basa en la voluntariedad y libre decisión de las partes... El régimen que contiene la Ley se basa en la flexibilidad y en el respeto a la autonomía de la voluntad de las partes*" (apdo. III, primer párrafo). Y más adelante, —apdo. IV, párrafo tercero—, que "*a estos principios se añaden las reglas o directrices que han de guiar la actuación de las partes en la mediación, como son la buena fe y el respeto mutuo, así como su deber de colaboración y apoyo al mediador*".

9.   Los apartados 1 y 3 del art. 6 LM señalan, respectivamente, que "*la mediación es voluntaria*" y que "*nadie está obligado a mantenerse en el procedimiento de mediación ni a concluir un acuerdo*". Aspecto éste último en el que incide el apdo. IV —párrafo quinto— de la Exposición de Motivos LM, cuando afirma, como una "*premisa*" inexcusable de la Ley, que "*alcanzar un acuerdo no es algo obligatorio, pues, a veces, como enseña la experiencia aplicativa de esta institución, no es extraño que la mediación persiga simplemente mejorar relaciones, sin intención de alcanzar un acuerdo de contenido concreto*"., ya que son impuestos por una figura externa,

berg, *tienen la garantía de ser más ajustados a la realidad y viables, ya que son el resultado del proceso de toma de decisiones de las partes, fruto de su comunicación y de sus propias necesidades; por esta razón, estos acuerdos resultan duraderos y efectivos, ya que no son impuestos por una figura externa, sino que emanan de ellos mismos*[10]. Son acuerdos diseñados a medidas por las partes y asumidas por éstas por convicción, a raíz de la previa negociación. Así pues, se puede intuir que la mediación tiene como base la autonomía de la voluntad de las partes intervinientes en el conflicto, ya que son ellas, principalmente, las que alcanzan una solución al asunto planteado[11].

Cierto es, que una vez comprometidas ambas partes de acudir a este sistema de autocomposición, en lugar de los tribunales, ya existe una vinculación por tal decisión. Y si se llegase a un acuerdo, sea total o parcial, sobre las cuestiones controvertidas, éste será obligatorio para ambas partes que los hayan suscrito. Dicho acuerdo es exigible, y, además, conforme a la normativa que expondremos a continuación, ejecutable judicialmente.

A pesar de ello, puede suceder que el acuerdo logrado y suscrito de forma voluntaria por las partes, sea objeto de incumplimiento por una ellas. Esta situación nos lleva a analizar los instrumentos que ofrece la legislación para hacer cumplir lo establecido en el mismo. Perdería valor y no sería un instrumento atractivo para la solución de conflictos si, alcanzado un

---

10. Ver FOLBERG, J. y TAYLOR, A., *Mediación, resolución de conflictos sin litigio*, México, 1997, pág. 157.

11. Cfr. CAZORLA GONZÁLEZ, M.J., "La mediación de consumo en el arbitraje institucional", 2009 workshop internacional sobre adr/odrs. construyendo puentes: marco jurídico y principios. Universitat Oberta de Catalunya (UOC), internet interdisciplinary institute (in3), 15 de septiembre de 2009. (http://www.uoc.edu/symposia/adr/). Asimismo, DE CASTRO, F., El negocio jurídico, Tecnos, Madrid, 1967, p. 11. Dicho jurista la define como *aquel poder complejo reconocido a la persona para el ejercicio de sus facultades, sea dentro del ámbito de libertad que le pertenece como sujeto de derechos, sea para crear reglas de conducta para sí y en relación con los demás, con la consiguiente responsabilidad en cuanto actuación en la vida social.*

acuerdo de mediación, la ley no ofreciera elementos suficientes para exigir su cumplimiento ante la negativa de obedecer lo pactado. De ser así, ¿habría alguno que hiciese uso de sistema de solución de conflictos extrajudicial, si ante un incumplimiento se viese obligado a recurrir a la vía judicial para incoar un juicio de reconocimiento del derecho reclamado?, por supuesto que no, y como señala Navas Glembotzky, *el motivo por el que las partes acudieron a la mediación en primer lugar tuvo como principal objetivo evitar la vía judicial*[12].

Las normativas españolas sobre mediación (años 2012 y 2017 respectivamente) como veremos más adelante, nos ofrecen como instrumento principal la ejecución del acuerdo alcanzado, el cual, luego de dar cumplimiento a ciertos requisitos, se erige en título ejecutivo suficiente para hacer cumplir las obligaciones adquiridas en el acuerdo de mediación. Ahora bien, en el proyecto de ley de mediación del año 2011 había una mayor flexibilidad en relación con el citado acuerdo, en comparación con la actual legislación, otorgándole fuerza ejecutiva *per se*, con la sola firma del acuerdo de mediación por parte del mediador. La actual normativa exige que el acuerdo sea elevado a escritura pública para constituirse en título ejecutivo[13]. Por consiguiente, dicho acuerdo de mediación que las partes han elevado a escritura pública, nos permitirá la ejecutividad de los acuerdos alcanzados.

---

12. Ver Navas Glembotzky, J., "El *enforcement* del acuerdo de mediación civil y mercantil en el análisis, estudio comparado y recomendaciones", revista para el análisis del derecho (InDret), Barcelona, abril 2014, pág. 4.

13. El Proyecto establecía que el acuerdo se firmase por las partes y por el mediador (art. 24.2), y le atribuía el efecto de llevar aparejada ejecución —sin perjuicio de su protocolización notarial a voluntad y costa de quien la promoviera, salvo caso de ejecución transfronteriza— (art. 24.3). Y como señalaba el art. 26.1 Proyecto, "*el acuerdo de mediación, formalizado conforme a lo dispuesto en el artículo 24, tendrá eficacia ejecutiva y será título suficiente para poder instar la ejecución forzosa en los términos previstos en la Ley de Enjuiciamiento Civil, siempre que a la demanda ejecutiva se acompañe copia de las actas de la sesión final y constitutiva del procedimiento*".

Por consiguiente, tanto en la doctrina nacional como en la extranjera, existe una opinión generalizada en que la mediación puede llegar a jugar un valioso papel a la hora de encontrar una solución satisfactoria a determinadas controversias al margen de los tribunales. Como ha afirmado el reciente informe del Parlamento Europeo sobre la implantación de la mediación para asuntos civiles y mercantiles, el modelo de mediación obligatoria se ha demostrado generador de resultados positivos, basándose entre otras cosas en el éxito que ha obtenido este sistema en Italia dónde el número de mediaciones que finalizan con acuerdo superan las 200.000 al año. Este espectacular aumento se produjo única y exclusivamente cuando la mediación se convirtió en una condición previa al acceso al procedimiento judicial para determinados litigios. Así, afirma el informe del Parlamento, *la forma más efectiva de poner la mediación en el mapa de los litigantes de la Unión Europea pasa por establecer una regulación normativa que vaya más allá de la simple invitación a los litigantes civiles y comerciales para reunirse con un mediador primero*[14]. En definitiva, como resalta Herrera, para que se aumente el número de mediaciones en los países miembros no basta con iniciativas que fomenten y permitan éstas, sino que tienen que venir acompañadas de cierto grado de obligatoriedad[15].

Por ello, nuestro análisis de la mediación de consumo y su regulación en la Ley 7/2017, 2 de noviembre de Resolución Alternativa de Litigios en Materia de Consumo, que traspone la Directiva 2013/11/UE del Parlamento Europeo y del Consejo, que, de *lege data*, no se incluía en la legislación española 5/2012, de 6 de julio, de mediación en asuntos civiles y mercantiles, no porque no era necesario, sino todo lo contrario, la

---

14. Parlamento Europeo, (2014). Rebooting' the Mediation Directive: Assessing the Limited Impact of its Implementation and Proposing Measures to Increase the Number of Mediations in the EU. (http://www.europarl.europa.eu/thinktank/es/document.html?reference=IPOL-JURI_ET(2014)493042).

15. Ver HERRERA DE LAS HERAS, R, La mediación obligatoria para asuntos civiles y mercantiles, InDret 1/2017, Barcelona, enero 2017, pág. 7.

importancia de la materia implicaba unas especificidades que requerían una regulación especial. Basta hacer referencia a la Recomendación 98/257/CE de 30 de marzo de 1998, donde se impulsó, por primera vez, en la Unión Europea la solución extrajudicial de conflictos en materia de consumo, y de la citada Ley 5/2012, se basará en aspectos que consideramos primordiales para que este medio de solución extrajudicial de conflictos sea un recurso cada vez más aceptados a la hora de resolver las controversias, la aplicación de medios *online* y el uso de las nuevas tecnologías; la importancia en el cumplimiento del acuerdo alcanzado en la mediación, es decir, el *enforcement* de lo pactado; y la posibilidad de incorporar una cierta "obligatoriedad matizada", como condición previa a todo cauce o reclamación judicial.

En efecto, en la actualidad nadie podría dudar que las nuevas tecnologías suponen importantes avances en el día a día, tanto a nivel personal (facilitando nuevas formas de comunicarnos, de acceder a los bienes y servicios), como a otros niveles, los laborales, los económicos. Pero junto con todas esas ventajas también surgen nuevos y desconocidos problemas que habrá que ir dándole soluciones, sabiendo que la actualización normativa va siempre un paso, o varios, por detrás de los avances tecnológicos.

A modo de ejemplo, mencionar las plataformas digitales que nos proporcionan grandes posibilidades, desde la contratación a distancia, la puesta a disposición de productos y servicio mediante la economía colaborativa o de plataforma (alojamiento: AirBnB; catering: Uber, eats, globo; costes compartidos para viajar: BlaBlacar, etc.), la posibilidad de realizar los *Smart contracts* (contratos inteligentes) y la irrupción de la inteligencia artificial, que traen nuevos conflictos que a veces tiene difícil solución.

Ante estos nuevos retos, los mecanismos alternativos de resolución de conflictos (ADR) y en particular la mediación, es la solución más eficaz y adecuada para dar solución a las controversias que se puedan generar ya que se adaptan con mayor flexibilidad al complejo caso concreto y se reducen los costes económicos y emocionales. Por ejemplo, ante un conflicto derivado del uso de las citadas plataformas, ante un tribunal habrá que valerse de pruebas digitales que no sólo no están correctamente reguladas en la Ley de Enjuiciamiento Civil (se limita la regulación a la prueba en el art. 384), sino que en la mediación se limitan las exigencias legales, el mecanismo es más abierto y flexible.

Junto a ello, debemos unir la posibilidad de realizar este tipo de solución de conflictos de manera online, convirtiendo los ADR, en ODR (*online dispute resolution*), facilitando la mediación y evitando costes (desplazamiento de persona, disponibilidad horaria, etc), sobre el que hablaremos a continuación. Pero hay más, todavía se pueden incorporar, en una segunda fase, más tecnología a la mediación, como pueden ser los algorítmicos, que completen la actividad de los mediadores, y llegando a un último paso que sería el uso de la inteligencia artificial (estructuras inteligentes basadas en estadísticas) que llevarían al mediador como robot, siendo la máquina no tan solo quien dirige, sino quien llega a resolver la mediación. Así pues, el crecimiento exponencial de la utilización de las nuevas tecnologías en todos los ámbitos, incluso en la Administración de la Justicia, ha ocasionado que estemos hablando ya de una cuarta Revolución Industrial, la sociedad que gira en torno a la tecnología, donde la inteligencia artificial tiene un papel preponderante.

Sociedad gobernada cada vez más, por los denominados "nativos inteligentes", personas que desarrollan su vida inmersos en los avances tecnológicos, que, llegado el caso verán normal la resolución de conflictos e través de una inteligencia artificial en lugar de un ser humano. Un ejemplo de ello, es la aplicación para dispositivos móviles (app) gratuita de Amazon *Kids Courts* a través de la cual la inteligencia artificial conocida con ALEXA cobra el papel de "juez Lexi" para mediar en caso sencillos de disputas entre niños y familiares a modo de juego, ofreciendo así una especie de mediación informal por una inteligencia artificial, lo que hace que los niños tengan un primer contacto con los sistemas de solución de conflictos extrajudiciales.

II. LA MEDIACIÓN TECNOLÓGICA

1. Delimitación conceptual

Nada se parece tanto a la injusticia como la justicia tardía, esta frase atribuida al gran filósofo Seneca sigue teniendo mucha actualidad, y más aún en el objeto de nuestro estudio ya que los medios alternativos de solución de conflictos, buscan, entre otras cosas, descongestionar nuestros Tribunales de Justicia. Y se a ello, le sumamos el hecho que el Derecho no puede ser algo estático, inamovible, que precisa de una constante transformación y adaptación a los cambios sociales y tecnológicos, aunque por naturaleza y seguridad jurídica vaya siempre por paso por detrás de dicha realidad. En efecto, como nos indicaba el jurista Federico von Savigny, las normas deben ser interpretadas siempre atenerse a la realidad social donde se van a aplicar, es decir teniendo en cuanta la evolución social originada, como nos recuerda el art. 3.1 del Código Civil[16].

Y en esta situación cambiante, el uso generalizado de las tecnologías de la información y de la comunicación (TIC), en todos los ámbitos de nuestra vida, también han llegado a los mecanismos alternativos de solución de conflictos. Siempre que la situación lo haga factible por la existencia de medios adecuados, se intentará fomentar su empleo en un proceso de mediación, toda vez que favorecen a la agilidad, la inmediatez y el menor coste. Ello hará, además, que personas que se encuentran alejadas físicamente puedan lograr la solución de sus controversias, o al menos intentarlo, circunstancias relevantes cuando hablamos de conflictos transfronterizos, hechos cada

---

16. DE CUEVILLAS MATOZZI, I., *Fundamentos de derecho civil español*, 6ª ed., Tecnos, 2022, pág. 32.

vez más cotidianos en temas familiares, sociales, económicos, etc.[17]

En este entorno evolutivo, nace la mediación electrónica, entendida como un mecanismo de resolución de conflictos, que respetando los principios de toda mediación (voluntariedad, neutralidad, confidencialidad, etc.), se efectúa total o parcialmente por medios electrónicos, de manera más o menos simplificada, con la actuación de un mediador que ayuda a las partes a intentar alcanzar por sí mismas un acuerdo en la disputa existente. Así pues, lo que distingue el concepto clásico o tradicional con el que se acaba de mencionar, es el hecho que en las sesiones que la presiden, total o parcialmente se desarrollarán mediante el uso de herramientas TIC y en línea, es decir, puede haber actuaciones totalmente *online*, o bien actuaciones *offline*[18].

2.   Marco jurídico

En primer lugar, debemos partir de la legislación específica en materia de consumo. Para ello, debemos mencionar que con fecha 4 de noviembre de 2017 se transpone a nuestro ordenamiento jurídico la Directiva 2013/11 a través de la Ley 7/2017 que tiene por objeto garantizar la existencia de entidades de resolución alternativa de conflictos de consumo en España, con el fin de que los consumidores residentes en nuestro país o en otro Estado miembro de la Unión Europea tengan la posibilidad de resolver sus litigios de consumo con empresarios establecidos en España a través de dichas entidades previamente acreditadas ante la autoridad competente nacional.

---

17.   DE CUEVILLAS MATOZZI, I., "Las nuevas tecnologías y la mediación de consumo", en CERVILLA GARZON, M.D, (dir), *Consumidores y nuevas tecnologías*, Atelier, 2024, pág.103 y ss.

18.   En este sentido, PÉREZ GURREA, R., "Estudio sistemático, normativo y doctrinal de la mediación en asuntos civiles y mercantiles", *Revista Digital Facultad de Derecho*, núm. 6, 2013, pp. 194-223.

Dicha normativa, ha marcado un hito fundamental en lo que se refiere a los derechos del consumidor, ya que en su disposición final séptima suprime el art. 2.2.d) de la Ley 5/2012 de Mediación en materia civil y mercantil, de modo que la mediación de consumo deja de estar excluida de esta regulación, sobre la que luego hablaremos, y se estructura como una mediación independiente, sin quedar vinculada a ser el paso previo al sistema arbitral de consumo, como ocurría con anterioridad[19].

---

19. Antes de la citada Ley 7/2017, la mediación de consumo se regulaba, únicamente y de manera escueta, en el artículo 38 del Real Decreto 231/2008 sobre el Sistema Arbitral de Consumo, omitiendo de forma expresa, cualquier posibilidad de una mediación *online*.

Sin embargo, hay que destacar en relación al fundamento jurídico de la admisibilidad de los métodos de resolución extrajudicial de los conflictos, ya el antiguo artículo 280 de la Constitución de Cádiz rezaba así: *Ninguna persona natural que tenga la libre administración de sus bienes puede ser privada del derecho a terminar sus asuntos civiles por transacción o arbitramiento.* Además, el ordenamiento jurídico español, a través de la Constitución española (CE), garantiza la libertad de los ciudadanos (art. 1.1. CE) y la efectiva tutela de sus derechos (art. 24 CE). Por otra parte, señalar que, si bien el artículo 117.3 de la Constitución española sienta las bases de la jurisdicción como potestad del Estado que se ejercita por los tribunales y juzgados, y que consiste en juzgar y ejecutar lo juzgado en régimen de monopolio, nada impide que, respecto del hecho de juzgar, los sujetos no puedan resolver por ellos mismos sus conflictos o encomendar la resolución a un tercero sobre materias que resulten de libre disposición para las partes. En el orden civil, el propio Código civil ha reconocido y tipificado desde sus orígenes la transacción y el arbitraje. Por lo que atañe a este método extrajudicial heterocompositivo por excelencia, el arbitraje, que permite acceder a una resolución dotada de los mismos efectos de cosa juzgada que una sentencia, ha sido el propio Tribunal Constitucional el que se ha encargado de subrayar que: el arbitraje es un medio legítimo, heterocompositivo, basado en la autonomía de la voluntad privada; la tutela judicial efectiva no impide la igualmente facultad constitucional de optar, para dicha tutela, por el cauce extrajudicial del arbitraje; el arbitraje es «un equivalente jurisdiccional» con efectos de cosa juzgada y la actividad del árbitro es cuasijurisdiccional, en ejercicio de una potestad de *iuris dictio.* (SSTC, 4 de octubre 1993, RJA 288/1993, que dijo textualmente: *La inalterabilidad de las decisiones judiciales firmes es también predicable,* en virtud de su configuración legal, *de los laudos arbitrales* regulados en *la Ley 36/1998. En este sentido su art. 37 establece con absoluta claridad que «el laudo arbitral firme produce efectos idénticos a la cosa juzgada. Contra el*

La Ley 7/2017 tiene su ámbito de competencia para las controversias nacionales o transnacionales que se produzcan entre consumidores y empresarios con ocasión del desarrollo de un contrato de compraventa o de prestación de servicios, celebrado in internet o no, y con independencia del sector económico al que esté vinculado el negocio. Conforme a su art. 3.1 hay que incluir también los litigios derivados de prácticas comerciales realizadas por empresarios adheridos a códigos de conducta.

La legislación comentada no regula un procedimiento alternativo de resolución de conflictos en materia de consumo, en realidad viene a fijar los requisitos necesarios para la acreditación de entidades de resolución alternativa de litigios de consumo. Esta acreditación se verá mermada cuando las entidades referidas quieran realizar la mediación al amparo de la Ley 5/2012, no sólo por los requisitos exigidos, sino también por el carácter gratuito para el consumidor de estos procedimientos de consumo (art. 11, Ley 7/2017), lo que permitirá a la entidad de solución alternativa repercutir sólo una parte del coste del procedimiento al empresario. Asimismo, es escasa toda referencia al uso de las nuevas tecnologías en el proceso de mediación; el art. 12 hace referencia a que el acceso de las partes a los procedimientos debe ser sencillo y de fácil identificación, ya sea en línea o no. No obstante, lo comentado, el consumidor tiene la opción de acudir a una mediación privada regulada por la Ley 5/2012, que ahora veremos. En definitiva, con esta ley 7/2017 el legislador ha pretendido garantizar a los consumidores a los mecanismos alternativos de resolución de conflictos en materia de consumo que sean de alta calidad por ser imparciales, transparentes, rápidos y justos, eso sí, sin limitar el acceso a los órganos jurisdiccionales. El consumidor no po-

---

mismo sólo cabrá el recurso de revisión, conforme a lo establecido en la legislación procesal para las Sentencias judiciales firmes». Ello es conforme con la naturaleza del arbitraje, que es [STC 62/1991 (RTC 1991\62)] «un equivalente jurisdiccional, mediante el cual las partes pueden obtener los mismos objetivos que con la jurisdicción civil, esto es, la obtención de una decisión al conflicto con todos los efectos de la cosa juzgada.

drá verse nuca privado de su derecho a la tutela efectiva conforme a nuestra Constitución (art. 24), y lo dispuesto en la Carta Europea de Derechos Fundamentales (art. 47), el Convenio Europeo de los Derechos del Hombre (art. 6) y el Tratado de Funcionamiento de la Unión Europea (art. 19).

En segundo lugar, nos debemos referir a la Ley 5/2012 de mediación en asuntos civiles y mercantiles, que será de aplicación supletoria a la normativa específica en materia de consumo, en virtud de la derogación antes referida. Instituciones que, además, se aplican a reclamaciones de cantidad que normalmente, son de escasa cuantía, lo cual encaja perfectamente en las reclamaciones que los consumidores están habituados a interponer, con lo que el empleo de estos métodos es idóneo.

Dicha legislación autoriza que toda o alguna de las actuaciones puedan llevarse por medios electrónicos u otros similares de transmisión de imagen y sonido. Así pues, el artículo 24 señala que las partes podrán acordar que toda o alguna de las actuaciones de mediación puedan llevarse a cabo por medios electrónicos, videoconferencias u otros medios análogos de transmisión de la voz o la imagen[20]. Esto se complementa con la disposición adicional séptima, que añade, que el Gobierno promoverá la resolución de los conflictos que versen sobre reclamaciones de cantidad a través de un procedimiento de mediación simplificado que se desenvolverá exclusivamente por medios electrónicos.

Por consiguiente, la presente ley de mediación contempla dos situaciones en el desarrollo de la mediación por medios electrónicos. Una de ellas, la posibilidad de que todas o algunas actuaciones se hagan vía telemática, videoconferencia o medios análogos. Esto, si bien es loable ya que es más flexible, rápido, sumamente necesario para conflictos transfronterizos,

---

20.   *Siempre que queda garantizada la identidad de los intervinientes y el respeto a los principios de la mediación previstos en esta ley...y que la mediación consiste en una reclamación de cantidad que no exceda de 600 euros se desarrollará preferentemente por medios electrónicos, salvo que el empleo de éstos no sea posible para alguna de las partes* (art. 24 Ley 5/2012).

la diversa naturaleza de los mismos instrumentos, no siempre pueden garantizar la identidad de las partes intervinientes, por ejemplo el empleo de computación virtual en red (VNC), programa de software libre basado en una estructura cliente-servidor que permite tomar el control de un ordenador a través de otro, y se puede dudar de la identidad de la persona con la que se entabla comunicación. De aquí, la importancia que las comunicaciones que se emitan vengan autenticadas por medio de la firma electrónica reconocida y que un tercero, el mediado, guarde las declaraciones de voluntad que se van realizando a lo largo de la vida del contrato electrónico. En relación a esto, el art. 25 de la Ley 34/2002 de servicios de la sociedad de la información y de comercio electrónico, denomina a dichas personas *terceros de confianza*.

Otro tema importante, es el tema, que el uso de las nuevas tecnologías debe llevarse a cabo respetando en todo momento el derecho al honor, a la intimidad personal y familiar y a la propia imagen, evitando cualquier intromisión ilegítima, así como, los principios básicos de la mediación, fundamentalmente, la confidencialidad. Por ello es necesario que se establezcan protocolos o líneas de actuación que determinen de qué forma se deben proteger y preservar los datos personales de quienes intervienen. Estos importantes aspectos deberán ser garantizados por la entidad o persona física que medie entre las partes, gestionando certificados que permitan faciliten transmitir de manera segura datos personales e información sensible[21].

Por todo ello, la utilización de las nuevas tecnologías, no será una tarea tan sencilla para el mediador, quien deberá analizar en cada caso concreto, si la mediación por medios electró-

---

21.   Conforme al art. 31 del Real Decreto 980/2013 el mediador o institución de mediación que hayan contratado con un proveedor de servicios electrónicos, es el responsable de la mediación simplificada realizada con las nuevas tecnologías. Asimismo, los estándares de seguridad actuales recomiendan la implementación de un certificado «SSL» o «http», para gestionar o transmitir datos de clientes o información delicada de una empresa.

nicos resulta conveniente, prudente, o si es preferible, realizar el procedimiento de mediación de manera presencial.

La segunda forma de mediación que aconseja la Ley 5/2012, tratándose de reclamaciones dinerarias que no excedan de los 600 €, será la realizada, preferentemente, por medios electrónicos, a la que denomina, mediación simplificada. A este postulado normativo, el citado Real Decreto 980/2013 que desarrolla algunos aspectos de la ley general, introduce dos matizaciones: que las reclamaciones no sólo pueden ser cantidad de dinero; y que no pueden desarrollarse por medios electrónicos cuando las pretensiones de las partes versen sobre argumentos jurídicos.

En relación a ello, quisiera efectuar dos apuntes: el primero, referido al término «preferente» que se utiliza en el texto legal. Lo considero acertado ya que estas reclamaciones de un orden económico menor, no suelen acarrear discrepancias jurídicas de profundo calado, de allí la necesidad de darles una pronta y eficaz solución. El segundo, atañe a la restricción cuando exista una reclamación que verse sobre aspectos argumentos de naturaleza jurídica. No comparto la limitación, primero porque la propia Ley 5/2012 no impide en ningún articulado que la mediación se lleve a cabo cuando exista una controversia respecto se argumentos jurídicos. Luego, porque es contraria a la propia naturaleza de la mediación, aquí no existe una declaración de voluntad dirigida a un órgano jurisdiccional para que éste, conforme a sus competencias resuelva el conflicto planteado. La mediación, como se ha dicho varias veces, es un sistema de solución autocompositiva y bilateral de conflictos. Es una concurrencia de afectados que acuden para obtener la asistencia de un tercero (mediador) que les ayuda en el propósito de resolver sus diferencias (haya o no confrontación de derecho), pero sin que le soliciten que se pronuncie y resuelva de forma vinculante el conflicto que tienen entre ambos. Como acertadamente pone de manifiesto Martín Diz, al señalar que la *expresión utilizada por el Real Decreto mezcla equivocada e indebidamente un concepto típico del proceso (pretensión) con un medio extrajudicial de conflictos (mediación) en el cual se busca el consenso y no la petición frente a uno de los intervi-*

nientes sobre la cual haya de resolver un tercero (el mediador, función que no tiene atribuida en ningún caso)[22].

Como se puede apreciar, el uso de la mediación electrónica o la mediación simplificada representa grandes ventajas en el campo del Derecho de Consumo, en efecto, la incorporación de las nuevas tecnologías permite dotar al procedimiento de la medicación de mayor flexibilidad y al mismo tiempo facilitar su accesibilidad. Y dicha conclusión es debida a que el procedimiento de mediación electrónica se adaptará a la materia objeto del litigio, al ámbito del tema jurídica sobre el que versa, a la disponibilidad de las partes que intervienen en el mismo y a las previsiones específicas del mediador respecto al conflicto. Todas estas características que se van citando hacen de la mediación una vía de resolución de las controversias más competitiva en relación a la opción del proceso judicial. Así pues, con la mediación electrónica no sólo se amplían los caminos hacia el acceso a la justicia, puesto que no todas las personas pueden hacer frente a los gastos que genera un proceso judicial, sino también otorga una serie de ventajas que la hacen más apropiada a los otros mecanismos de solución de conflictos. Por ejemplo, el hecho de realizar una interacción asíncrona, es decir, que las partes en conflicto no actúan simultáneamente como ocurre en la mediación presencial, implica que el conflicto puede resolverse de una manera más sosegada, evitando que reacciones exageradas de una de las partes tensionen aún más la controversia. Asimismo, el llevar la mediación por medio electrónicos posibilita que las comunicaciones queden registradas y delimitadas, facilitando la labor del mediador a la hora de saber en qué puntos están las posturas. traslados, Otra ventaja a destacar es la reducción considerable de los costes, por un lado, porque se prescinde de traslados, tanto de las partes, como de la documentación, toda vez que la comunicación entre las partes y entre éstas y el órgano o per-

---

22.   Ver MARTÍN DIZ, F., "Mediación en derecho privado: nuevas perspectivas prácticas", en *Revista General de Derecho Procesal*, núm. 32, 2014, p. 30.

sona que administra el procedimiento puede desarrollarse por medios telemáticos y, por otro este lado, porque no es necesaria la intervención de terceras personas que representen a las partes.

Así pues, esta modalidad de mediación puede realizarse en cualquier momento y en distintos lugares físicos, sin que la distancia geográfica sea un obstáculo para resolver los conflictos generados (deslocalización) y a través de personas imparciales conocedoras de disciplinas diversas. En definitiva, favorece a que el procedimiento se adapte a las condiciones de vida de las personas mediadas. Como señala Vilalta Nicuesa, este sistema *permite a las partes involucradas reflexionar sobre sus mejores alternativas para un acuerdo negociado, de modo que puedan pensar mejor las respuestas y responder en el momento que consideren adecuado. Con ello se evita la natural predisposición a sobredimensionar las expectativas, se incrementan las concesiones mutuas y se consigue frenar la escala del conflicto. Y es que, en ocasiones, se entiende que en un entorno virtual las personas se desinhiben, se aprecia más igualdad y es menos probable que durante el conflicto haya situaciones de violencia y escalada. Se considera que la distancia reduce a hostilidad entre las partes*[23].

Como suele ocurrir, junto a las bondades que pueden aportarnos las nuevas tecnologías en la instrumentalización de la mediación, también se presentan inconvenientes, que habrá que ir solucionando. Sabemos que la mediación presenta unos principios que no cambian, sea un procedimiento presencial o en línea: neutralidad, confidencialidad, imparcialidad, etc. En este sentido, los principios de seguridad jurídica y confidencialidad son básicos si queremos garantizar la igualdad entre las partes. La remisión de veinte o más correos electrónicos o de *WhatsApp* no nos asegura que se vea afectada la identidad de las partes a través de alguna suplantación, o la propia confi-

---

23.   Vilalta Nicuesa, A, "La resolución de conflictos en línea", *Estudio jurídico*, Zaragoza, 2016, pág. 17.

dencialidad. Por ello, el propio art. 32 del Real Decreto 980/2013 contiene una triple vía para garantizar la identidad de los intervinientes, la primera es la firma digital; a falta de la misma, la exigencia de la acreditación presencial de las partes ante el mediador o institución de mediación; una tercera solución viene dada por acordar con las partes, a requerimiento del mediador, de determinar una contraseña alfanumérica al principio y final de los mensajes.

Ahora bien, lamentablemente en nuestro país, los mediadores no han utilizado la mediación electrónica, pero tampoco la de manera tradicional, se requiere un impulso en varias direcciones para hacer llegar a los usuarios las bondades de este medio alternativo de resolución de conflictos. En esta misma dirección. La Unión Europea en su conocido y ya citado estudio *Reeboting the mediation directive: assessing the limited impact of its implementation and proposing measures to increase the number of mediations in the EU*, afirma que la mediación civil y comercial se utiliza en menos de un 1% de casos en la Unión Europea. En relación al citado retraso en cuanto a su aplicación, en nuestro último apartado, postulamos algún cambio, de *lege feranda*, en la normativa vigente.

2.1. *Singularidades del mediador*

La utilización de medios electrónicos para llevar a cabo una mediación en línea y el ámbito de su desarrollo, normalmente en el ciberespacio, internet, requiere, necesariamente, una formación específica y adecuada del mediador, tengan unas determinadas competencias, conocimientos y habilidades para hacer frente a las posibles incidencias que se presenten en el transcurso de las comunicaciones.

Como señala Vilalta Nicuesa, el mediador debe tener un notable dominio de la comunicación asíncrona, toda vez, que si bien las tecnologías de la información y las comunicaciones (TIC) permiten la comunicación en tiempo real, la mayoría de los procedimientos ODR se ejecutan utilizando instrumentos asíncronos que otorgan mayor flexibilidad a unos procesos en que los sujetos actuantes se encuentran en lugares y momentos distintos. En tal sentido expresa que *el dominio del lenguaje, de los registros lingüísticos y de la comunicación escrita son esenciales*. Otro aspecto a destacar, continúa refiriendo, *es el relativo a la intensidad y calidad de las comunicaciones establecidas con las partes o feedback, el cómo llevar a cabo la escucha activa, la administración de los espacios y de la información y como facilitar la necesaria transparencia que genere confianza en el mediador y el sistema*. Finalmente, la autora refiere el desequilibrio que se puede producir si los conocimientos tecnológicos y su acceso a los mismos son muy diferentes entre las partes, por ello, el mediador *debe velar porque ambas gocen de las mismas oportunidades de acceso para su participación y, en su caso, contribuir a facilitar los medios necesarios que permitan superar las eventuales diferencias. El experto administrará el procedimiento de modo que el uso de diferentes tecnologías no sea un obstáculo para el desarrollo de una actividad imparcial, independiente y neutral*[24].

Todo esto responde a un aspecto clave y sencillo de la mediación en línea: generar confianza y mantenerla a lo largo de todo el proceso, pilar básico para llegar con éxito a la resolución del conflicto. Tarea que no sólo corresponde a las instituciones administradoras de la mediación, al diseñador u operador de la plataforma, cuando se realice a través de ellas, sino también al mediador y por supuesto a las partes. La capacidad de un mediador para establecer una relación con las partes es una de las habilidades más importantes que puede poseer dicha persona. Si el mediador no genera confianza, la mediación está avocada al fracaso[25]. De allí, el mediador tiene la obligación de garantizar siempre que todas las partes involucradas tengan plena igualdad de oportunidades y que se mantiene un equilibrio entre ellas, máxime cuando se utilizan medios elec-

---

24.   Vid Vilalta Nicuesa, A., op. cit. pág. 22.
25.   Vid Goldber, S., "The secrets of successful mediators", *Negotiation journal*, vol. 21, n° 3, 2005, pág. 276.

trónicos. Por ello, como señalan Alzate Sáez y Vázquez de Castro, para generar confianza en el proceso y en sí mismos, *la persona mediadora debe emplear cierto tiempo inicial en explicar cuáles son las reglas básicas de la institución y el propio proceso, por ejemplo, cómo se van a comunicar con él, con qué tecnología, si exclusivamente a través de él o también con el resto de sujetos involucrados, acordando quiénes participarán en las sesiones de mediación que se hagan en línea y verificando al máximo toda cuestión relativa a la privacidad*[26], en definitiva, que tome el pulso estableciendo el tono de la mediación desde su inicio, y teniendo un gran dominio de la documentación ya que es su responsabilidad tener acceso inmediato a una gran cantidad de información y gestionarla de una forma ordenada, sensata, equilibrada, sin hacer juicios de valor ni asesorar a las partes, manteniendo el mencionado equilibrio entre partes que exige el art. 19 de la Ley 7/2017.

Junto a todo lo expresado hasta el momento, no podemos dejar de mencionar otro pilar que se nos revela fundamental o básico, el deber de confidencialidad, no sólo para el mediador, sino también para todas las partes intervinientes en el proceso.

Ciertamente, no es de fácil cumplimiento mantener el carácter privado o secreto de una mediación, no lo es en la presencial, menos en una mediación que se realice en todo o en parte por medios electrónicos. La privacidad en los ODR se complica ya que los correos electrónicos se graban, se comparten, se archivan en ordenadores, y puedan ser manipulados, así como, las propias sesiones de videoconferencias.

Este principio fundamental, viene reconocido de manera sistemática en la normativa internacional y en la legislación nacional de la mayor parte de los estados, extendiéndose sobre toda la información relativa al proceso, su contenido y las comunicaciones previas, coetáneas y posteriores. Nuestra Ley

---

26. Vid ALZATE SÁEZ DE HEREDIA, R., y VÁZQUEZ DE CASTRO, E., *Resolución de disputas en línea (RDL). Las claves de la mediación electrónica*, Reus, Madrid, 2014, pág. 55.

5/2012 lo consagra en el art. 9.1que viene a referir que todo lo hablado en el procedimiento de mediación y todos los documentos que hayan sido aportados por las partes y los propios generados durante el normal desarrollo del proceso de mediación, incluso los acuerdos[27], han de permanecer reservados al estricto conocimiento de los intervinientes, partes, institucio-

---

27.   Los acuerdos de mediación sí podrían ser esgrimidos por las partes ante terceros. En esta dirección se manifestó el Tribunal Supremo en relación a la normativa catalana de mediación familiar. Al respecto dijo: *El motivo se estima ya que los documentos de que se trata guardan directa relación con la tutela judicial que se pretende obtener por la parte demandada (artículo 281.1 LEC), no se refieren a actividad prohibida por la ley (artículo 283.3 LEC) ni se han vulnerado derechos fundamentales al proceder a su obtención (artículo 287.1), al igual que dicha aportación no vulnera lo establecido por el artículo 13 de la Ley 1/2001, de 15 de marzo, de Mediación Familiar en Cataluña. Dispone dicha norma, en su apartado 1, que «en la medida en que en el curso de la mediación se puede revelar información confidencial, la persona mediadora y las partes han de mantener el deber de confidencialidad en relación con la información que se trate. En cumplimiento de este deber, las partes se comprometen a mantener el secreto y, por lo tanto, renuncian a proponer la persona mediadora como testigo en algún procedimiento que afecte al objeto de la mediación; también la persona mediadora debe renunciar a actuar como perito en los mismos casos». De la lectura de dicha norma se desprende que el deber de secreto que alcanza a la persona mediadora y a las propias partes se refiere a "informaciones confidenciales", que lógicamente quedan reservadas al estricto conocimiento de las partes y del mediador, pero no puede extenderse al caso presente en que se pretende traer a un proceso judicial lo que una de las partes considera que es un acuerdo libremente adoptado y referido a las consecuencias de la ruptura matrimonial.*

Esta Sala ha declarado en sentencia núm. 839/2009 de 29 diciembre (RJ 2010, 406), que dicho artículo 287 de la Ley de Enjuiciamiento Civil, como, con carácter más general, el artículo 11.1 *de la Ley Orgánica del Poder Judicial (RCL 1985, 1578, 2635),* lo que trata de prevenir es la posibilidad de que se obtengan pruebas mediante procedimientos ilícitos que vulneren derechos fundamentales y que dichas pruebas logren efectividad en el proceso. La proclamada inefectividad de las mismas queda determinada legalmente por el hecho de que se haya obtenido la prueba con infracción de un derecho fundamental de rango igual o superior al del propio derecho a la prueba; supuesto que no es el del presente caso.

nes de mediación y mediadores. En igual dirección se recoge en el art. 36 de la Ley 7/2017.

Es evidente, que necesidad de generar una confianza en las partes intervinientes, como señalamos anteriormente, se logra y se amplía cuando se garantiza el secreto, la confidencialidad, es decir, que el mediador no divulgará las comunicaciones y declaraciones que tengan lugar en la preparación o el desarrollo de una mediación; obligación que se extiende al mediador que estará protegido por el secreto profesional.

Se garantiza, en particular, que dichas comunicaciones y declaraciones no podrán ser utilizadas en el contexto de otras investigaciones judiciales o procesos. Sin embargo, el alcance de este principio no está del todo precisado en nuestra normativa interna, aunque, siguiendo a la profesora Vilalta, podríamos concretarlo desde dos ángulos opuestos:

a) A través del contenido negativo del principio (delimitación negativa): — Las personas que participan en un proceso ADR/ODR no podrán declarar en un proceso judicial o en un arbitraje posterior sobre la información que se deriva del propio procedimiento. Se introducen prohibiciones para evitar que los terceros puedan comparecer como testigos en procedimientos judiciales posteriores a un intento de resolución a través de los métodos extrajudiciales. Los mediadores, conciliadores, facilitadores, etcétera, no pueden ser llamados como testigos o en otro carácter en ningún juicio posterior entre las mismas partes o por el mismo objeto. — Ninguna información revelada confidencialmente por una de las partes se revelará a las otras partes sin su permiso, a menos que haya razones legales o de orden público para hacerlo. — La confidencialidad se extiende sobre toda comunicación, pero no sobre la prueba. No quedan afectados por el deber de confidencialidad los propios medios probatorios. Por ejemplo, la Ley modelo de la CNUDMI sobre conciliación comercial internacional, que por su preámbulo se hace extensible a todo método de resolución autocompositivo, establece que «sin perjuicio de las limitaciones enunciadas en el párrafo 1 del presente artículo, ninguna prueba que sea ad-

misible en un procedimiento arbitral, judicial o de índole similar dejará de serlo por el hecho de haber sido utilizada en un procedimiento de conciliación».— El tercero no puede facilitar a los tribunales ninguna prueba o elemento, informe, evaluación, etcétera, relativo al método que ha conducido. Tan solo puede facilitar un informe que indique si el acuerdo ha sido o no alcanzado, y aún en este aspecto las partes pueden convenir su prohibición. — Los participantes deben mantener la debida reserva y las fórmulas de acuerdo que se propongan no incidirán, en su caso, en un juicio posterior, si tuviera lugar.

b) a través de su delimitación positiva: — El deber de confidencialidad es vinculante en todas las fases de los procesos extrajudiciales, así como también tras su finalización, y los estados deben proveer garantías legales para que la confidencialidad sea una realidad. — Toda comunicación o discusión entre los participantes debe mantenerse en régimen de estricta confidencialidad. — En ocasiones se disponen consecuencias penales ante el incumplimiento de las mencionadas obligaciones (la previsión del artículo 199 de nuestro Código penal para quien revele secretos ajenos, de los que tenga conocimiento por razón de su oficio o sus relaciones laborales, o profesionales).

La confidencialidad, salvo la existencia de un pacto en contra de los propios interesados, no alcanza al contenido de los acuerdos cuando su conocimiento sea necesario para aplicar o ejecutar dicho acuerdo. Tampoco se halla reñida con la obligación que pesa sobre el tercero de conservar la documentación relativa al proceso durante un cierto tiempo. Esta confidencialidad podría entrar en crisis o excepcionarse en algunos supuestos: cuando se trata de procesos penales o civiles en los que se discute la posible responsabilidad de la persona u organismo que ha actuado como ADR/ODR, para probar o refutar una reclamación o queja por mala conducta o negligencia presentada contra el órgano responsable; cuando se trata de aclarar o interpretar el alcance de un determinado acuerdo alcanzado; cuando las partes renuncian al privilegio; cuando hay una amenaza de lesiones o de comisión de un delito; cuando la

divulgación es exigida por una norma, o cuando resulta nece-
sario por razones imperiosas de orden público, en particular
cuando así lo requiera la protección del interés superior del
menor o la prevención de daños a la integridad física o psico-
lógica de una persona[28].

Nuestra normativa de mediación calla en cuanto a extender
dicho deber de confidencialidad a terceras personas que hayan
intervenido en el procedimiento, como ser abogados y peritos.
En relación a estos últimos, en concreto, pensamos que se
mantiene dicho deber ya que nuestra Ley de Enjuiciamiento
Civil expresamente manifiesta: *Salvo acuerdo en contrario de*
las partes, no se podrá solicitar dictamen a un perito que hu-
biera intervenido en una mediación o arbitraje relacionados
con el mismo asunto (art. 335.3) y que el tribunal denegará la
solicitud de intervención de perito cuando: *por su finalidad y*
contenido, hayan de estimarse impertinentes o inútiles, o cuan-
do existiera un deber de confidencialidad derivado de la inter-
vención del perito en un procedimiento de mediación anterior
entre las partes (art. 347.1).

III. REFERENCIA A LA INTELIGENCIA ARTIFICIAL

La inteligencia artificial ha irrumpido con gran fuerza en
todos los ámbitos de nuestra vida cotidiana, en la medicina, en
el transporte, en la Administración de Justicia, y por supuesto,
también en la resolución de conflictos, tanto en el arbitraje
como en la mediación, en este último caso, su comienzo evolutivo se ha presentado en las llamadas plataformas digitales. En
este sentido, no podemos obviar que la importancia que presentan, por si mismos, los medios extrajudiciales de resolución
de conflictos *online*, como hemos reseñado anteriormente, se
ve potenciada con la posible combinación con la inteligencia
artificial. Ésta ha demostrado su gran utilidad para identificar

---

28. Ver Vilata Nicuesa, A., op. cit. pág.23.

patrones y tendencias en grandes cantidades de datos, lo que ayuda, indiscutiblemente, a la toma de decisiones.

Desde un punto de vista muy general, cuando hablamos de Inteligencia Artificial podemos distinguir dos supuestos: débil (*Narrow Artificial Intelligence*) y fuerte (*General Atificial Intelligence*). La primera tiene la aptitud de realizar tareas específicas, para la que ha sido programada. La segunda, es capaz de efectuar las mismas tareas intelectuales que una persona humana.

En este punto, debemos distinguir entre resolución extrajudicial de conflictos en línea, conocidos como ODR (online dispute resolution), la mediación electrónica y la mediación asistida por sistemas de inteligencia artificial. El término "mediación electrónica", intercambiable con el término "mediación en línea». Según Alzate Sáez, *la mediación en línea se refiere al proceso de mediación llevado a cabo virtualmente y a distancia, en el que el mediador y las partes se comunican a través de medios electrónicos, a diferencia del entorno físico tradicional en el que el procedimiento se lleva a cabo "cara a cara*[29]" Por tanto, no es más que una mediación tradicional que utiliza las ventajas de internet. Por otro lado, la mediación basada en la inteligencia artificial consiste en utilizar programas informáticos y algoritmos diseñados para ayudar a las partes a llegar a un acuerdo, dejando dos posibilidades, la sustitución del mediador o la inteligencia artificial como herramienta del proceso complementando las habilidades del mediador. Por lo tanto, una mediación asistida por inteligencia artificial es un método alternativo de resolución de conflictos que utiliza herramientas y aplicaciones basadas en la inteligencia artificial para guiar a las partes implicadas en el conflicto hacia resultado que pueda satisfacer a ambas partes. En este enfoque, una tercera entidad neutral e independiente utiliza, o se sustituye por, la inteligencia artificial para ayudar a las partes y mantener el control sobre el conflicto y su resultado.

---

29.   Ver ALZATE SÁEZ DE HEREDIA, R., y VÁZQUEZ DE CASTRO, E., op. cit., pág. 23.

Asimismo, cabe señalar que la incorporación de la inteligencia artificial puede afrontarse desde dos perspectivas distintas: una de naturaleza asistencial y otra decisoria. La función asistencial puede ser gran ayuda no sólo en el desarrollo del proceso, sino antes de iniciarse el mismo. Nos puede facilitar criterios objetivos que permitan elegir a los mediadores que tengan el mejor perfil para el caso concreto; también para sopesar la utilidad o no de someterse a un proceso de mediación, ayudar a las partes que carecen de experiencia o habilidades negociadoras, programando respuestas a un conjunto de supuestos de casos similares. También puede ayudar con el acuerdo de mediación, asistiendo a su preparación, redacción y estructura, procurando que el acuerdo alcanza a todo el objeto del litigio. En definitiva, nos facilitará a determinar la mejor estrategia de resolución de conflictos y la posibilidad de que una solución negociada tenga un final exitoso para todas las partes, amén de automatizar tareas como la programación de reuniones y la comunicación con los participantes, y por supuesto, puede contribuir a gestionar los recursos y el tiempo durante el proceso de mediación.

Por todo ello, señala Martín Diz que la inteligencia artificial *daría soporte y reforzaría las garantías de una ODR en la verificación de determinados elementos como la actuación y correcta prestación del servicio por el proveedor de sistemas electrónicos a través de los cuales se desarrolla la mediación y con ello la ausencia de elementos de inseguridad en las sesiones o actuaciones realizadas por medios electrónicos; el control del funcionamiento seguro de la plataforma electrónica utilizada en aspectos como la privacidad, confidencialidad, protección de datos y la accesibilidad incondicional de las partes en el litigio y disponibilidad del expediente digital conformado*[30].

---

30.   Martín Diz, F., "ADR, ODR e inteligencia artificial: evolución en el arbitraje y la mediación", en Fernández Pérez, A., *Interacción entre mediación y arbitraje en la resolución de litigios internacionales del siglo XXI*, Aranzadi, Cizur Menor, Navarra, 2021, p. 103.

En cuanto a la naturaleza decisoria, ello supondría reemplazar la figura del mediador, persona humana, por una especie de "mediador robot, mediador artificial", donde se otorgue a la inteligencia artificial la facultad de mediar y decidir por sí misma. En el estado actual de la tecnología no nos mostramos partidarios de ello, por varias razones: a) porque las decisiones de la máquina no escapan de los prejuicios ideológicos de quienes incorporan los algoritmos; b) a veces esos algoritmos distan de ser transparentes; c) estaríamos en una decisión basada en experiencias pasadas recopiladas por el sistema y que podría apartarse de las singularidades del caso concreto. Como señala Font, hasta ahora no se han reunido las condiciones necesarias para considerar una sustitución completa del papel del mediador en el proceso sin sacrificar las características únicas de ese procedimiento. Y dice refiriendo que *no es posible igualar la inteligencia humana con la tecnología. Y esto se debe, en parte, a nuestras propias limitaciones en la comprensión de la inteligencia humana, que nos impiden presentar un paradigma válido, así como a la ausencia de los modelos teóricos para su desarrollo. Esa inmensa complejidad del cerebro también conduce a pensar que la llamada singularidad, es decir, futuras super inteligencia artificiales que, basadas en réplicas del cerebro, superarán con mucho la inteligencia humana en un plazo de unos veinticinco años, es una predicción von poco fundamento científico*[31].

Su aplicación en el ámbito jurídico, judicial o extrajudicial, se puede ver limitada toda vez que es muy frecuente, en los conflictos entre partes, encontrarnos como principios indeterminados (buena fe, interés general, justiprecio, diligencia de buen padre de familia, etc) u otros determinados, que requieren una análisis e interpretación jurídica e incluso jurisprudencial, así pues, a modo de ejemplo general, podemos hacer referencia al art. 3 de nuestro Código Civil que dice que las normas

---

31.   Ver FONT, J.L., "El uso de la inteligencia artificial en la mediación: ¿quimera o realidad", *Revista IUS,* vol. 15, pág. 48.

se interpretarán según el sentido propios de las palabras, en relación con el contexto, los antecedentes históricos y legislativos, y la realidad social del tiempo en que han de ser aplicadas. El programador debería realizar juicios de valor e incorporarlos a los sistemas de la inteligencia artificial, juicios que pueden o deben variar según las circunstancias concretas del conflicto de las partes (circunstancias del tiempo, persona y lugar, art. 1104 Código civil), con esto quiero significar que tanto nuestros jueces y magistrados, como los mediadores hacen también juicios de valor, pero de una manera más suave y abstracta. Otro ejemplo lo encontramos en toda nuestra legislación civil de protección del menor (ej: art. 172 del Código civil, Ley 1/1996 de Protección Jurídica del Menor, Ley 8/2015, de Protección de la infancia y adolescencia, etc.), que no ponen como objetivo primordial velar "por el interés superior del menor". En los procedimientos de mediación, el programador deberá ingresar en el sistema que utilice la IA un juicio de valor interpretando dicho concepto indeterminado, que puede llegar a estar muy alejado de la realidad concreta de ese conflicto familiar. En el ámbito laboral, Alessa señala el art. 14 de la Ley 31/1995, de 8 de noviembre sobre Riesgos Laborales que expresa los siguiente: *los trabajadores tienen derecho a una protección eficaz en materia de seguridad y salud en el trabajo.* Al respecto, especifica que *la interpretación de lo que se considera "protección eficaz" puede variar según las circunstancias de cada situación laboral, y requerirá una programación precisa en un sistema de IA para que sea aplicable en la toma de decisiones en el ámbito laboral.* Por ello, concluye que *pedir a una IA que actúe con un objetivo tan amplio en mente puede generar resultados que sean considerados un fracaso, ya sea porque el sistema nunca puede considerar que su trabajo está hecho o porque las soluciones que ofrece son extremas y absurdas*[32].

32.	FONT, J.L., "El uso de la inteligencia artificial en la mediación: ¿quimera o realidad", *Revista IUS,* vol. 15, pág. 48.

También cabría señalar otro fenómeno que no está siendo inusual, los sesgos algorítmicos. En efecto, los algoritmos de la inteligencia artificial son capaces de aprender y mantener sesgos y prejuicios presentes en los datos de entrenamiento utilizados. Esto llegaría a producir decisiones de forma automática que resulten injustas y discriminatorias, lo que acarrearía a que las partes de la mediación tengan una percepción muy negativa del procedimiento mismo, de los métodos de resolución alternativa de conflictos, y en definitiva de la idea general de justicia.

Algunos ejemplos ilustran lo expresado. Por ejemplo, en 2020 el uso sesgado de modelos algorítmicos en los Países Bajos para evaluar el riesgo de que determinadas personas cometieran un delito o que estos delitos se cometieran en lugares específicos de la ciudad, supuso la vigilancia masiva y discriminatoria a los habitantes de la ciudad neerlandesa de Raermond procedentes de Europa Oriental, bajo un claro sesgo racista que relacionaba país de origen con delincuencia. También se dio la voz de alarma, un año después, el informe *Máquinas xenófobas. Discriminación a través del uso no regulado de algoritmos en el escándalo de los beneficios del cuidado infantil neerlandés*, en el que se denunciaba el uso de perfiles raciales en el diseño del sistema algorítmico utilizado también en los Países Bajos para determinar si las solicitudes de subvención dirigidas al cuidado infantil eran señaladas como incorrectas y potencialmente fraudulentas, lo que provocó que miles de progenitores/as y cuidadores/as de familias, principalmente de ingresos bajos, fueran acusados/as falsamente de fraude por las autoridades tributarias neerlandesas, en un proceso que afectó desproporcionadamente a personas de minorías étnicas[33].

Asimismo, el riesgo que entraña el uso de la IA para asuntos tan sensibles y determinantes como los señalados más arriba (concesión de ayudas sociales, otorgamiento de hipotecas,

---

33. MARTOS, B., "Riesgos de la inteligencia artificial", *blog amnistía internacional*, https://www.amnesty.or/es/latest/press-release/2220/09.

concursos laborales, predicción de delitos) es la posible y frecuente reproducción de sesgos machistas, racistas, clasistas, edadistas o capacitistas que excluyen automáticamente de estos derechos sociales y beneficios privados a determinadas personas debido a su género, su origen étnico, su nacionalidad, el barrio en el que habitan, la edad que tienen al momento de hacer la solicitud o el grado de discapacidad con el que viven, lo cual reproduce la desigualdad social y económica ya existente, violando el derecho la igualdad y a no sufrir ningún tipo de discriminación, establecido en el artículo 2 de la Declaración Universal de los Derechos Humanos y nuestro art. 14 de la Constitución española. Con relación a esto, la autora que venimos citando menciona un ejemplo muy reciente: el uso de un sistema de IA en los países en desarrollo para evaluar las solicitudes de asistencia social. Manifiesta que *el sistema utiliza algoritmos para analizar la información de solicitudes y determinar si los solicitantes reunían los requisitos para recibir asistencia. Sin embargo, se descubrió que el sistema estaba sesgado y discriminaba a varios grupos, entre ellos los inmigrantes y las personas con discapacidad.* Circunstancia que ha puesto de manifiesta la necesidad de tener en cuenta las limitaciones de la IA y la necesidad continua de actualizar y garantizar que toda programación sea imparcial y se ajuste a los requisitos legales a fin de evitar violaciones de derechos humanos[34].

Finalmente, queremos dejar sentado que, en relación a la posibilidad de actividad decisoria, nuestra legislación de arbitraje como de mediación, en sus arts. 13 y 11, respectivamente exigen que el mediador o árbitro sea una persona natural. A mi entender, el papel del mediador es fundamental y, con él, la capacidad de escucha y comprensión, construcción de la confianza, generación de la empatía, detección de emociones, elementos que resultan impensables, por el momento, que posea un *software* inteligente.

---

34.   Alessa, H., op. cit.

1. La personalidad de la Inteligencia artificial

Otro problema es el de la posible responsabilidad derivada de la actuación de la IA mediador. Como un primer adelanto a nuestra postura, mencionar que la Resolución del Parlamento Europeo del 20 octubre de 2020 y el Dictamen del Comité Económico Social Europeo sobre inteligencia artificial descartan cualquier tipo de personalidad jurídica para robots o IA, y, por ende, que ésta responda civilmente de los daños y perjuicios ocasionados. Sobre dichos textos comunitarios volveremos seguidamente.

Así pues, una de las cuestiones más debatidas en estos momentos, tanto a nivel nacional como internacional, vinculados a la reglamentación de la inteligencia artificial es el de la consideración como persona jurídica, como sujeto de derecho y por lo tanto susceptible de responder civilmente por los daños que pueda ocasionar su utilización. La pregunta de quién es responsable en caso de que un sistema automatizado cause un daño se plantea a medida que la tecnología de IA se desarrolla y se hace latente en todos los foros de análisis e investigación. En este sentido, señala Mendizábal, que *la responsabilidad civil es un tema de gran importancia y complejidad que requiere el examen de numerosas variables, entre ellas la capacidad de la IA para tomar decisiones, la intervención humana en el proceso de toma de decisiones, la capacidad de predecir y prevenir los riesgos asociados al uso de la IA y las normas jurídicas y éticas aplicables*[35].

Pero vayamos por parte, dentro de nuestro ámbito de conocimiento que es el Derecho civil, y con el fin de poder dar una respuesta a la posibilidad de dirimir la responsabilidad de los sistemas que utilizan la inteligencia artificial, habrá, previamente, que considerar y determinar si los llamados "robots au-

---

35. Ver Mendizábal, I. A. N., *La responsabilidad civil en tiempos de la ia y los robots. En Robótica y la inteligencia artificial en la nueva era de la revolución industrial 4.0: los desafíos jurídicos, éticos y tecnológicos de los robots inteligentes (IA, Robots, y Bioderecho)*, Dykinson, Madrid, pág. 197.

tónomos inteligentes" entran dentro de algunas de las categorías jurídicas existentes es nuestro Derecho (persona física, persona jurídica, animales u objeto), o de lo contrario sería recomendable, antes de forzar conceptos consolidados, crear una categoría específica que se adapte mejor a las especialidades de la citada inteligencia artificial, en continuo cambio.

Así pues, lo primero que debemos preguntarnos es si ¿Podemos considerarla como persona física? Según el artículo 30 de nuestro Código civil, la personalidad se adquiere desde el momento del nacimiento con vida, una vez producido el entero desprendimiento del seno materno. Estos componentes biológicos no pueden predicarse de los sistemas de inteligencia artificial o robots.

En esta dirección se expresa de manera categórica Santos González, cuando afirma que si bien, *los robots inteligentes adquieren la destreza para ejecutar algunas operaciones comparables con la mente humana, como el aprendizaje o el razonamiento lógico, sin embargo, a la presente fecha carecen de otras habilidades como la inteligencia emocional para reconocer el entorno y sobretodo carecen de la intuición. Carecer de intuición y sentimientos es un elemento clave que determina la imposibilidad de configurar una máquina como persona, pues su forma de entender y actuar viene determinada de modo diferente. El sufrimiento de las personas hace que el castigo y la sanción sea un modo adecuado para rehabilitar o modificar la conducta. Sin embargo, un robot carece de dichas emociones y sentimientos y por tanto no juega en igualdad de condiciones que un humano. La sanción en un robot carece para este de eficacia por carecer de sentimientos.* Reafirmando, *además que, se debe primar la superioridad de los humanos para garantizar su especie. Los robots deben estar al servicio de los hombres que los han creado para mejorar sus condiciones de vida. En conclusión, creo que es un error equiparar robots inteligentes y personas*[36].

Descartada la primera opción, ¿Cabe la posibilidad de considerarla una persona jurídica, encuadrada en nuestro art. 35 del Código civil? Dicho precepto conceptualiza como persona jurídica *a las corporaciones, asociaciones y fundaciones de interés público reconocidas por la ley, así como las asociaciones de interés particular, sean civiles, mercantiles o industriales, a las que la ley conceda personalidad propia, independientemente de la de cada uno de los asociados.* Como se aprecia, es una figura legal ficticia[37]. Estas personas actúan en su entorno a través de las personas físicas que las representan, lo que nos hace sostener que son condiciones jurídicas distintas, aunque

---

36.   SANTOS GONZÁLEZ, M.J., "Regulación legal de la robótica y la inteligencia artificial: retos de futuro", *Revista Jurídica de la Universidad de León*, n° 4, 2017, pág. 40.

En esta misma dirección se expresa LAÍN MOYANO, G., "Responsabilidad en inteligencia artificial: Señoría mi cliente robot se declara inocente", *Revista Ars Iuris Salmanticensis*, vol. 9, junio 2021, pág. 202, al decir: *La persona física se define como individuo humano que es susceptible de adquirir derechos y contraer obligaciones, extrapolándose este concepto sobre la capacidad jurídica general en el sentido de llevar a cabo actos con plena eficacia jurídica. «La personalidad se adquiere en el momento del nacimiento con vida, una vez producido el entero desprendimiento del seno materno» (art. 30 Código Civil español). Estos dos componentes biológicos es imposible que se den en un robot, por lo que, por muy avanzada que pueda llegar a ser la ia y por mucho que pueda emular la inteligencia humana, no puede darse, ya que conlleva un elemento biológico fundamental: NACER. Por lo que equiparar a los robots inteligentes con la persona física y, por tanto, equipararlos en derechos y obligaciones es absolutamente inviable para introducirse*

37.   El ilustre jurista alemán Savigny en su concepción historicista hace concebir a las personas jurídicas como resultantes de un artificio legal que la ley crea por motivos de convivencia, recurriendo a una ficción. Su teoría de la ficción parte de la idea de que las personas jurídicas tienen una existencia meramente ideal, constituyendo ficciones creadas por el legislador, y resalta las barreras que hay entre los tipos básicos de interés para el Derecho civil, las asociaciones y las fundaciones, según tengan un sustrato personal visible o una existencia aún más ideal basada en su objeto (SAVIGNY, F., *Sistema de Derecho Romano Actual*, Comares, Granada, 2005, pág. 60 y ss.).

podrían compartir algos rasgos similares, por lo que no es de extrañar que el Parlamento Europeo en su Resolución de 16 de febrero de 2017 (art. 59.f) hable, para un futuro de una personalidad específica o electrónica, es decir, una cuarta categoría.

Entre los rasgos parecidos que pueden compartir los robots con las personas jurídicas, Santos González pone de relieve que al igual que éstas *un robot es una figura de configuración legal, distinta de su propietario y, por tanto, su existencia y su capacidad son independientes de éste. Ambas tienen capacidad para ejercitar derechos y obligaciones, es decir, tienen capacidad de obrar. Al igual que una persona jurídica puede realizar contrataciones, los robots contratan en muchos casos a través del software sin intervención humana debido a los servicios digitales*[38].

Ahora bien, en relación a la citada Propuesta del Parlamento de otorgar personalidad jurídica a los sistemas que utilizan la IA, debemos hacer referencia, aunque sea de manera breve, a la carta que han dirigido 285 expertos de 14 países al presidente de la Comisión Europea Jean-Claude Juncker y resto de dirigente europeos, manifestando su rechazo, al reconocimiento de la personalidad propuesta[39].

En la carta los expertos confirman la importancia de establecer normas comunitarias sobre la robótica y la Inteligencia Artificial, para así garantizar un alto nivel de seguridad a los ciudadanos de la Unión Europea y, a la vez, fomentar la innovación. Sin embargo, discrepan en absoluto con la idea de crear un estatus legal de una "persona electrónica" para robots "autónomos", "impredecibles" y de "autoaprendizaje", y aún más con que la misma se justifique con la incorrecta afirmación de que la responsabilidad por daños sería imposible de pro-

---

38. Santos González, M.J., "Regulación legal de la robótica y la inteligencia artificial: retos de futuro", *Revista Jurídica de la Universidad de León*, nº 4, 2017, pág. 41.

39. Ver http://www.robotics-openletter.eu

bar[40]. Valoran la propuesta de crear un estatus legal de "persona" electrónica como ideológico, no sensitivo y no pragmático.

Desde el punto de vista técnico consideran que esa afirmación es ambigua, sesgada y sobrevalora las capacidades actuales de los robots, incluso de los más avanzados. Consideran que la proposición europea está basada en un entendimiento superficial tanto de la capacidad del autoaprendizaje de las máquinas como de la impredecibilidad de sus consecuencias y en una percepción de los robots "distorsionada por la Ciencia Ficción".

Además, desde un punto de vista ético y legal, añaden, la atribución de esa personalidad legal resulta inapropiado por tres tipos de razones: porque no cabe considerar que los robots ostenten derechos similares a los humanos, como el de la dignidad, integridad y el derecho a una retribución justa, pues ello se opone a todos los tratados internacionales sobre los derechos humanos; porque el estatus legal de los robots no puede derivar del modelo de personalidad jurídica, ya que este se basa en la existencia de una persona física que la representa y dirige, lo que no es caso de los robots, y porque no consideran aplicable el modelo de Trust (negocio fiduciario) anglosajón, ya que este es un régimen extremadamente complejo que requiere competencias muy especializadas y no resolvería el problema de la responsabilidad, y además, sigue requiriendo como último resorte la existencia de un ser humano responsable, el fideicomisario o fiduciario, responsable de administrar el robot con un fideicomiso o fiducia[41].

---

40.   http://www.robotics-openletter.eu "The creation of a Legal Status of an "electronic person" for "autonomous", "unpredictable" and "self-learning" robots is justified by the incorrect affirmation that damage liability would be impossible to prove. From a technical perspective, this statement offers many bias based on an overvaluation of the actual capabilities of even the most advanced robots, a superficial understanding of unpredictability and self-learning capacities and, a robot perception distorted by ScienceFiction and a few recent sensational press announcements".

41.   Con igual contundencia se manifestó LAÍN MOYANO, G., op. cit., pág. 204 al señalar que: *No tiene sentido lógico otorgar a un robot con iaG la catego-*

El Comité Económico y Social Europeo expresó con total contundencia en el Dictamen sobre "Las consecuencias de la Inteligencia Artificial en el mercado único (digital), la producción, el consumo, el empleo y la sociedad" que se oponían a cualquier tipo de estatuto jurídico para los robots o sistemas de Inteligencia Artificial por el riesgo moral inaceptable que ello conlleva. El Comité manifiesta que una forma jurídica así sería susceptible de uso y aplicación indebidos. La comparación con la responsabilidad limitada de las sociedades no es válida, puesto que el responsable en última instancia es siempre una persona física. Abogan por investigar en qué medida responden satisfactoriamente a este problema la legislación, la reglamentación y la jurisprudencia de la UE y de cada Estado miembro en materia de responsabilidad (sobre el producto y el riesgo) y atribución de culpa, y, en su defecto, qué soluciones legales se ofrecen[42]. Por ello, las personas firmantes de la carta

---

ría de «persona electrónica», por numerosas cuestiones que ya hemos expuesto, pero sobre todas ellas porque la ia con capacidad de autoconsciencia, autogestión y autoaprendizaje está, hoy por hoy, muy lejos del presente y de la realidad, y, durante más décadas de las que se quiere admitir, será así. Si bien es cierto que, como consecuencia de la evolución y revolución tecnológica, hay que plantearse con carácter absolutamente necesario, y más que urgente, la nueva realidad jurídica, también lo es afirmar con decisión y paso firme que el robot no es un ser humano en ningún caso, ni biológica ni socialmente, y mucho menos una «cuasi» persona que siente y piensa, pues no tiene vida. Por lo tanto, en ningún momento puede identificarse un robot con un ser humano y, por ello, no tiene sentido natural ni sentido razonable otorgar a las máquinas la condición de personas electrónicas, pues supondría reconocerles derechos y responsabilidades que no les corresponden, dado que la personalidad, ya sea física o jurídica, no se puede extrapolar en modo alguno a los robots con iaG, por una razón tan fundamental como que no son sujetos, ya que, para ello, tendrían que disponer de una condición nuestra, que es única e irremplazable: ser una persona humana.

42.   *Existe mucha controversia sobre la cuestión de quién es el responsable de los daños que pueda causar un sistema de IA, sobre todo cuando se trata de sistemas autodidactas que continúan aprendiendo después de su entrada en servicio. El Parlamento Europeo ha formulado algunas recomendaciones relativas a la legislación civil en materia de robótica, incluida la propuesta de examinar la posibilidad de dotar a los robots de una «personalidad jurídica» (e-personali-*

que venimos comentando, consideran que la Comisión Europea sobrevalora las capacidades actuales y reales de los robots, y piden cautela a la hora de legislar, para que las normas futuras no sean sólo beneficiosas para los fabricantes y que la protección de usuarios y terceros debe estar siempre en el centro de las disposiciones legales de la UE.

La misma idea tiene Griseri, cuando en una columna de opinión señalaba que *El Comité de Asuntos Jurídicos de la Unión Europea está caminando a ciegas en un pantano si piensa que la personalidad electrónica protegerá a la sociedad de la evolución de la IA. La analogía con la personalidad corporativa es desafortunada, ya que esto no ha protegido a la sociedad en general, sino que ha permitido a los propietarios de empresas promover sus propios intereses*[43].

Por su parte, Vallverdú firmante de la carta abierta, asegura que él no está en contra de que se reconozcan derechos a los

---

ty) para poder atribuirles la responsabilidad civil por los daños que causen. El CESE se opone a cualquier tipo de estatuto jurídico para los robots o sistemas de IA por el riesgo moral inaceptable que ello conlleva. La legislación en materia de responsabilidad tiene un efecto correctivo y preventivo que podría desaparecer en cuanto el riesgo de responsabilidad civil dejase de recaer sobre el autor por haberse transferido al robot (o sistema de IA). Además, una forma jurídica así sería susceptible de uso y aplicación indebidos. La comparación con la responsabilidad limitada de las sociedades no es válida, puesto que el responsable en última instancia es siempre una persona física. A este respecto, hay que investigar en qué medida responden satisfactoriamente a este problema la legislación, la reglamentación y la jurisprudencia de la UE y de cada Estado miembro en materia de responsabilidad (sobre el producto y el riesgo) y atribución de culpa, y, en su defecto, qué soluciones legales se ofrecen (Dictamen del Comité Económico y Social Europeo, sobre Inteligencia artificial: las consecuencias de la inteligencia artificial para el mercado único (digital), la producción, el consumo, el empleo y la sociedad. 3.33. p. 7).

43.   GRISERY, PAUL, "Giving rights to robots is a dangerous idea", refiere que *The EU's legal affairs committee is walking blindfold into a swamp if it thinks that "electronic personhood" will protect society from developments in AI (Give robots 'personhood', say EU committee, 13 January). The analogy with corporate personhood is unfortunate, as this has not protected society in general, but allowed owners of companies to further their own interes. En* https://www.theguardian.com/technology/2017/jan/16/giving-rights-to-robots-is-a-dangerous-idea.

robots porque precisamente su aspiración profesional es conseguir máquinas con conciencia y emociones, *pero la personalidad legal que se les quiere otorgar ahora no tiene nada que ver con regular sus derechos, sino que tiene una motivación económica y busca eximir a los fabricantes de responsabilidad en los actos de los robots.* Advierte, además, que si la Comisión Europea se precipita en la legislación y regula las responsabilidades y funcionamiento de los robots antes de que buena parte de sus capacidades inteligentes y su autonomía sean reales, la normativa que ha de proteger a los ciudadanos europeos no será la adecuada y surgirán conflictos cuando haya errores, se creará un estado de opinión negativo y la implementación de los robots resultará problemática en el futuro[44]. De la misma opinión es el director del Instituto de Investigación en Inteligencia Artificial del Consejo Superior de Investigaciones Científica Ramón López de Mántaras, al afirmar que carece de sentido dotar de la categoría de "persona electrónica" a un robot. *El estado de la robótica y la Inteligencia Artificial está tan en pañales todavía que hablar de capacidad de autoaprendizaje o de impredictibilidad por parte del robot en estos momentos es más propio de ciencia ficción que de realidad; y durante décadas seguirá siendo posible determinar la responsabilidad de acciones erróneas por parte de una máquina, y esta responsabilidad siempre será de las personas,* detalla. Y coincide con los firmantes de la misiva enviada a la Comisión Europea en que conceder ahora personalidad a los robots *es escudarse en la máquina para que no se puedan exigir responsabilidades a las personas*[45].

Por su parte, la profesora Ana Lambea niega que un robot pueda asimilarse a una persona física, en el sentido que cuasi

---

44.   Rius, M., "¿Urge ya regular los derechos de los robots en Europa? 2018, https://www.lavanguardia.com/tecnologia/20180417/442631680924/derechos-robots-ue-persona electronica-ia.html.

45.   Citado por Rius, M., "¿Urge ya regular los derechos de los robots en Europa? 2018, https://www.lavanguardia.com/tecnologia/20180417/442631680924/derechos-robots-ue-persona electronica-ia.html.

piensa y actúa. *Considera que es esencial el planteamiento a priori de la nueva realidad jurídica. El robot no es un ser humano —biológica, conductual ni socialmente—, no tiene espíritu ni emoción, pese a que pueda fabricarse a imagen y semejanza de éste, aunque eso sería cuestión a tratar desde la antropología y la filosofía. Comparte con el ser humano una realidad material evidente, pero muy distinta en sus orígenes, su conducta y su interrelación social, y no tiene vida. No puede identificarse el ser humano y el robot, también es materia una casa o un automóvil y no por ello le concedemos la condición de persona. Inicialmente el desarrollo de los robots partía de su consideración como máquinas, a las que eran aplicables las Directivas de seguridad de productos. La necesidad de revisar la regulación aplicable no es razón suficiente para crear una nueva categoría de persona. Parece difícil extrapolar la personalidad —física o jurídica— al ámbito de los robots, y considerarles sujetos, ya que tanto personas físicas o jurídicas tienen como base una persona humana o un grupo de ellas; a diferencia del robot, cuya realidad física es material de base tecnológica. Se piensa en robótica e Inteligencia Artificial, como si ésta fuese inteligencia humana, cuando, realmente, el diseño de las máquinas se desarrolla sobre patrones de reconocimiento y automatización, siendo este más cercano a la automatización que a la Inteligencia Artificial*[46].

---

46.   LAMBEA RUEDA, A., "Entorno digital, robótica y menores de edad", *Revista de Derecho Civil*, n° 4, 2018, p. 212. En esta dirección López de Mantaras, afirma rotundamente que *a los robots no deberíamos permitirles nunca que tuvieran una autonomía total* («¿Cómo aprenden las máquinas? Entendiendo la inteligencia artificial y las distintas tecnologías que la componen (Deep learning, cognitive computing, machine learning, neural networks, etc». Acta resumen y conclusiones de la II edición del Congreso Robotiuris 16 de noviembre de2017, Madrid, pág. 3. Misma opinión Por su parte, Noel Sharket, profesor emérito de inteligencia artificial y robótica de la Universidad de Sheffield en Reino Unido y también firmante, respalda este argumento y añade que *esta posición del Parlamento es una estrategia rastrera de los fabricantes para evitar su responsabilidad.*

Añade la misma autora, que *los robots no pueden asimilarse a las personas jurídicas. La personalidad jurídica surge como ficción respecto de grupos sociales a los que se atribuyen derechos patrimoniales y de la personalidad adaptados al grupo. Los partidarios de la personalidad electrónica asumen que pueda aplicarse en el ámbito patrimonial —titularidad, derecho y deberes—, pero no respecto de los derechos de la personalidad; por ello no puede tratarse de un nuevo sujeto, situado entre las personas y los objetos. Tampoco se puede considerarles seres sensibles, ya que precisamente no sienten por sus especiales características físicas.* Considera Lambea Rueda que, *aunque el coste de oportunidad pudiera ser favorable a su personalidad electrónico-jurídica independiente o más allá a la identificación subjetiva independiente a corto plazo, con una visión a largo plazo se impone una reflexión profunda sobre el concepto Elaborar normas para la robótica e Inteligencia Artificial sí, por supuesto, para garantizar la seguridad de los ciudadanos y fomentar la innovación; pero no cualquier tipo de normas.*

Finalmente, en relación a la personalidad jurídica de la IA, la Comisión de Asuntos Jurídicos del Parlamento Europeo establece que *se tiene que considerar que, en el actual marco jurídico, los robots no pueden ser considerados responsables de los actos u omisiones que causan daños a terceros; las normas vigentes en materia de responsabilidad contemplan los casos en los que es posible atribuir la acción u omisión del robot a un agente humano concreto —como el fabricante, el operador, el propietario o el usuario—, y en los que dicho agente podía haber previsto y evitado el comportamiento del robot que ocasionó los daños. Siendo posible considerar a los fabricantes, los operadores, los propietarios o los usuarios como objetivamente responsables de los actos u omisiones de un robot*[47].

---

47. Resolución del Parlamento Europeo, de 16 de febrero de 2017, con recomendaciones destinadas a la Comisión sobre normas de Derecho civil sobre robótica. Letra AD, p. 5.

Llegados a este punto la pregunta que se nos presenta es la siguiente. ¿cabe considerar a los mecanismos que utilizan la IA (ej. Robots) como un animal? Siguiendo a Santos González, debemos negar esa posibilidad. Dicha autora refiere que *la Ley española de 24 de noviembre de 2003 de protección de los animales justifica la protección de los animales por tres motivos: - Estudios sobre la genética a través del estudio de la fisonomía animal, ha demostrado empíricamente que los argumentos que fueron esgrimidos durante tantos siglos para distanciarnos de los animales carecían de justificación. - Estudios realizados sobre las capacidades sensoriales y cognoscitivas de los animales no han dejado duda sobre la posibilidad de que éstos puedan experimentar sentimientos como placer, miedo, estrés, ansiedad, dolor o felicidad. - La difusa frontera entre la protección de los animales y los intereses humanos. Los motivos esgrimidos para la protección de los animales no pueden ser trasladas a los robots inteligentes pues no tienen una base genética común, ni pueden experimentar a la fecha sentimientos naturales*[48]. En definitiva, la presunta equiparación al reino animal la vemos imposible por la falta de sustrato o base biológica, así como, por el hecho de que hoy los robots no experimentan sentimiento alguno.

Por último, si cabe la posibilidad de considerar a los robots "cosa" o "bien". Eso sí, a medida que evolucione la tecnología, habrá que ir delimitando las peculiaridades de dichos objetos autónomos. Clarificadoras son las palabras de Santos Gonzáles, al decir que, *Si mantenemos que un robot es una simple máquina, sofisticada y útil, pero máquina, al fin y al cabo, los robots no tendrían un nivel de autonomía mayor que el que establezca su diseñador o programador. Las cosas son desde el punto de vista jurídico objetos materiales muebles o inmuebles (art. 333 Cc). La cosa se identifica con algo inanimado, carente de vida. Sin embargo, la realidad es que se espera que los robots superen en inteligencia a los humanos y tengan la auto-*

---

48. Santos González, M.J., op. cit., pág. 18.

nomía para moverse e interactuar. El hecho de que puedan interactuar en el entorno y hacer el bien o el mal hace que otros consideren que son sujetos morales y no simples cosas. Esta concepción seguiría siendo necesario hacer cambios regulatorios y para fijar las personas responsables en caso de que la responsabilidad sea difusa o la prueba el nexo causal con el daño imposible. En el ámbito empresarial el robot al considerarse una máquina nunca será responsable de sus daños, la responsabilidad sería del empresario a pesar de no intervenir de ningún modo en la operación, ni dando instrucciones que ya vienen programadas o las está auto-programando el robot por sí mismo. En este caso el empresario no podría reclamar por los daños sufridos. Tendrán que regularse aspectos como si los robots deben considerarse algo "animado" a efectos de por ejemplo la normativa arancelaria de importación. Las cosas no tienen derechos y obligaciones, aunque puedan tener valor económico. El informe de la UE de enero de 2017 reconoce que las mejoras en las capacidades autónomas y cognitivas de los robots las convierten en algo más que simples herramientas y que las normas ordinarias sobre responsabilidad, como la responsabilidad contractual y la responsabilidad extracontractual, son insuficientes para manejarlas[49]. Por tanto, en los momentos actuales, los robots son cosas, por muy especiales o singulares que sean y que están cautivando a muchas personas, pero bajo el prisma de nuestro ordenamiento jurídico, y yo diría más, bajo la realidad biológica establecida desde el comienzo de los tiempos por Dios creador, en modo algún, son personas o sujetos de derechos. A lo más son en la actualidad objetos de derecho. Y esta irrefutable conclusión nos lleva a una consecuencia clara y precisa, debemos buscar y construir la responsabilidad en el ser humano para garantizar la seguridad jurídica tanto de las personas que participan en el proceso de diseño, fabricación y producción, domo para nosotros mismos, los consumidores y usuarios, destinatarios últimos de su uso.

---

49.   SANTOS GONZÁLEZ, M.J., op. cit., pág. 18.

2. Sistemas basados en la IA: ¿quién responde?

Establecida la carencia o falta de personalidad jurídica que le otorgue, al menos de forma ficticia, la posibilidad de responder por el daño causado, la pregunta de quién es responsable en caso de que un sistema automatizado cause un perjuicio se presenta crucial, teniendo en cuenta la rapidez con que la tecnología de IA se desarrolla y se integra en cada vez más ámbitos. En este sentido, la responsabilidad civil es un tema de gran importancia y complejidad que requiere el examen de numerosas variables, entre ellas la capacidad de la IA para tomar decisiones, la intervención humana en el proceso de toma de decisiones, la capacidad de predecir y prevenir los riesgos asociados al uso de la IA y las normas jurídicas y éticas aplicables, y por ello, los implicados en el desarrollo y comercialización de aplicaciones de IA deberán aceptar la responsabilidad jurídica respecto a la calidad de la tecnología que producen[50].

Es evidente que en esta materia hay cierta dificultad a la hora de establecer quién es responsable de los daños causados por estas tecnologías. Sobre el particular, Gómez-Riesco, manifiesta *que esta cuestión se relaciona con la variedad de actores que participan en la creación de los robots, lo que dificulta la elección de quién debe responder finalmente. Además, la variedad de funciones que el propietario o usuario del robot puede proporcionar hace impredecible el uso que se hará de él, lo que dificulta aún más el establecimiento de responsabilidades. Asimismo, se plantea la posibilidad de distribuir la responsabilidad de reparar los daños entre todos los actores o participantes en la fabricación del robot, sus propietarios o sus usuarios finales, lo que puede resultar complicado en la práctica.* Otra posibilidad, continúa dicho autor, *sería establecer una norma de solidaridad en virtud de la cual cada uno de ellos sea res-*

---

50.   Ver Navarro Mendizábal, I., "La responsabilidad civil en tiempos de la ia y los robots". *En Robótica y la inteligencia artificial en la nueva era de la revolución industrial 4.0: los desafíos jurídicos, éticos y tecnológicos de los robots inteligentes (IA, Robots, y Bioderecho)*, Dykinson, Madrid, 2021, pág. 198.

ponsable de la indemnización de la víctima, si bien esto podría dar lugar a desacuerdos sobre cómo debe repartirse la responsabilidad. En cualquier caso, la determinación de la responsabilidad civil por IA sigue siendo una cuestión polémica que requiere resoluciones justas y transparentes para todas las partes implicadas[51]. A la complejidad de señalar al posible responsable civil de los daños causados, se le suma la dificultad de conocer los nuevos tipos de daños que se pueden producir surgidos del uso de las nuevas tecnologías. Los daños pueden aparecer debido a diversos factores, como errores en el diseño o la programación de las IA, falta de información o información inexacta sobre su funcionamiento, inadecuación entre el tipo de IA y las tareas asignadas, o comportamiento deficiente de los usuarios. No cabe duda que, la aparición y el uso de las nuevas tecnologías ha dado lugar a una serie de nuevos daños que antes no se preveían. Navarro Mendizábal, señala que, *a los daños ya conocidos como los derivados de la falta de seguridad en los sistemas electrónicos, se han añadido otros daños como los derivados del fallo de algoritmos. Este tipo de daño se produce cuando un algoritmo que utiliza una IA para tomar decisiones está diseñado con un sesgo hacia determinados grupos de personas, lo que puede dar lugar a decisiones injustas o discriminatorias. Otro tipo de perjuicio derivado de la implantación de la IA es el daño a la reputación, ya que ahora es habitual utilizar clasificaciones por estrellas u otras herramientas de toma de decisiones de los consumidores que afectan a su elección y alteran el valor de mercado de una empresa. Para quienes se ven afectados, esto puede tener importantes consecuencias económicas. Igualmente, la IA ha causado daños a la privacidad porque el uso de datos personales se ha hecho más frecuente con el tiempo. En este sentido, los usuarios pueden verse afectados por la pérdida de control sobre sus datos, el uso*

---

51.   Gómez Riesco, J., "Los robots y la responsabilidad extracontractual", en Barrio Andrés, M., *Derecho de los robots*, Wolters Kluwer, Madrid, 2018, pág. 170.

no autorizado de los mismos o el acceso a ellos. Por último, del mismo modo pueden producirse daños por pérdida de datos. Estos daños pueden afectar tanto a particulares como a empresas, con graves repercusiones para la continuidad e integridad de sus operaciones. El citado autor también destaca que *la relación causal es otro componente esencial para determinar la responsabilidad en casos de daños causados por sistemas de IA. Sin embargo, cuando se trata de sistemas de IA alimentados por técnicas de Deep learning y machine 25 learning, que utilizan datos externos para tomar decisiones, este elemento puede ser difícil de establecer. Los criterios integrados para la recopilación y el análisis de datos pueden suponer un obstáculo a la hora de presentar reclamaciones de indemnización, incluso en ausencia de cambios en el software original, ya que la complejidad y opacidad de los procesos de toma de decisiones pueden dificultar la determinación del origen del daño. Para facilitar la investigación y la asignación de culpas en casos de daños causados por sistemas de IA, es crucial establecer políticas que permitan la transparencia en la toma de decisiones y la existencia de una caja negra en los dispositivos de inteligencia artificial. Un ejemplo sería la existencia de una caja negra en los dispositivos de inteligencia artificial para facilitar las pruebas y garantizar el principio de transparencia*[52]. La posibilidad de acceder y examinar los algoritmos y procesos de toma de decisiones de la IA se denomina "caja negra" (similar a la de los aviones). Esto permitiría señalar con precisión y claridad cualquier error o problema que pueda haber causado daños y establecer una relación causal más clara. *Además, conforme al autor reseñado, la presencia de una caja negra puede facilitar el establecimiento de medidas de seguridad y control que reduzcan el riesgo de daños y garanticen la responsabili-*

---

52.   NAVARRO MENDIZABAL, I., "La responsabilidad civil en tiempos de la ia y los robots", en LLEDÓ YAGÜE, F., *Robótica y la inteligencia artificial en la nueva era de la revolución industrial 4.0: los desafíos jurídicos, éticos y tecnológicos de los robots inteligentes (IA, Robots, y Bioderecho)*, Dykinson, Madrid, 2021, pág.200.

dad de quienes participan en el diseño, producción y uso. Es por ello por lo que muchos expertos defienden la necesidad de una norma europea común que regule la responsabilidad civil en este ámbito debido a la complejidad y los riesgos potenciales asociados al uso de IA.

La Dirección General de Políticas Internas de la Unión Europea también aborda la cuestión de la responsabilidad por daños causados por un robot autónomo, señalando la dificultad que entraña determinar la misma. Por un lado, indica que, *si los daños que causa un robot autónomo surgen de un defecto de la máquina, resultaría perfectamente aplicable la Directiva 85/374/CEE del Consejo, de 25 de julio de 1985, pues se cumplen las condiciones de aplicación de la misma.* Lo que enlaza con las distintas circunstancias que se recogen en la Propuesta de Resolución del Parlamento Europeo en las que dicha directiva es aplicable, por ejemplo, si el productor no había informado lo suficiente al cliente sobre los peligros asociados con los robots autónomos, o si los sistemas de seguridad del robot eran deficientes. Por otro lado, *considera que los daños causados por robots autónomos también pueden ser resultado de un error del usuario. Podría tratarse entonces de una responsabilidad estricta o basada en la culpa, según las circunstancias*[53]. Concluye diciendo que los robots autónomos supondrán más dificultades sin precedentes, ya que puede resultar más difícil determinar qué causó el daño en ciertas situaciones, particularmente si el robot es capaz de aprender cosas nuevas por sí mismo. La Dirección General se muestra totalmente contraria a que dicha autonomía vaya a exigir *nuevas reglas que se centran en cómo una máquina puede ser considerada, en parte o en su totalidad, responsable de sus actos u omisiones*, y manifiesta al respecto que solo una persona física debe ser considerada responsable, a través de diversos mecanismos de seguros. En efecto, la importancia cualitativa y cuan-

---

53.   Dirección General de Políticas Internas. "European Civil Law Rules in Robotics", pág. 16.

titativa de los daños que se puedan producir, recomiendan la asegurabilidad de la actividad. El fabricante debe contratar un seguro obligatorio de responsabilidad civil, circunstancia que como es lógico se repercutirá en el precio del producto. La indemnización que le corresponda pagar a la aseguradora estará limitada en su cuantía, por ello, la propuesta de directiva comunitaria que venimos analizando, se inclina por la creación de fondo de compensación que completase la indemnización de la aseguradora, fondo mantenido con pagos frecuentes de los productores.

A falta de una normativa europea que establezca las bases para determinar qué tipo de responsabilidad puede llegar a tener un robot, no vemos con malos ojos aplicar el régimen jurídico de responsabilidad por producto defectuoso. En relación con errores de producto se aplicaría el art. 136 del Real Decreto 1/2007, de 16 de noviembre, por el que se aprueba el texto refundido de la Ley General para la Defensa de los Consumidores y Usuarios y otras leyes complementarias (en adelante, TRLGDCU)[54]. Si el error está en el software hay que tener en cuenta lo previsto en el Real Decreto Legislativo 1/1996, de 12 de abril, de propiedad Intelectual que lo considera un bien mueble en relación al art. 136 mencionado. Normalmente, el fabricante del software y del robot no son los mismos de ahí que hagamos la diferenciación. Un producto será defectuoso si

---

54. Artículo 132: *Las personas responsables del mismo daño por aplicación de este libro lo serán solidariamente ante los perjudicados. El que hubiera respondido ante el perjudicado tendrá derecho a repetir frente a los otros responsables, según su participación en la causación del daño.* Artículo 136: *A los efectos de este capítulo se considera producto cualquier bien mueble, aun cuando esté unido o incorporado a otro bien mueble o inmueble, así como el gas y la electricidad.*

Artículo 137:1. *Se entenderá por producto defectuoso aquél que no ofrezca la seguridad que cabría legítimamente esperar, teniendo en cuenta todas las circunstancias y, especialmente, su presentación, el uso razonable previsible del mismo y el momento de su puesta en circulación. 2. En todo caso, un producto es defectuoso si no ofrece la seguridad normalmente ofrecida por los demás ejemplares de la misma serie...*

no ofrece la seguridad que cabría legítimamente esperar, teniendo en cuenta todas las circunstancias y, especialmente, su presentación, el uso razonablemente previsible del mismo y el momento de su puesta en circulación. O si no ofrece la seguridad ofrecida por otros ejemplares de la misma serie. (Art. 137 TRLGDCU y art. 6 Directiva 85/374). Está claro que un producto no puede ser considerado defectuoso por el solo hecho de que dicho producto se ponga ulteriormente en circulación de manera más perfeccionado, con mejores características.

Otro aspecto, vinculado al anterior y por ello puede no resultar baladí, es la posibilidad o no de poner, a la hora de pedir responsabilidades, la excepción de los riesgos del desarrollo, exención que recoge el art. 7 letra e de la Directiva 85/374, y que la nueva Directiva aprobada el 12 de marzo de 2024 recoge en su art. 11.1 letra e) que expresa: *que el estado objetivo de los conocimientos científicos y técnicos en el momento en que el producto fue introducido en el mercado, puesto en servicio o durante el período en el que el producto estaba bajo el control del fabricante no permitía detectar el carácter defectuoso*; Es decir, los daños originados por un defecto del producto que no era reconocible a la luz del estado de los conocimientos científicos y técnicos en el momento de la circulación y puesta en el mercado del producto elaborado y controlado por inteligencia artificial. Estamos ante un daño que era del todo inesperado e imprevisible.

Ahora bien, estamos ante una cláusula necesaria para el desarrollo de la industria si entendemos que los riesgos que se pueden producir no son motivo de suficiente identidad o peso como para postular el receso o clausura en el desarrollo industrial en materia de sistemas de IA que puede originar la supresión de la exención establecida. Campos Rivera refiere que *la gestión de riesgos habrá de jugar un papel fundamental tanto en la puesta en circulación del producto como en la fase de prueba. Esta gestión de riesgos habrá de estimarse desde la perspectiva de la puesta en circulación del producto como filtro necesario a la seguridad de los usuarios y desde la perspectiva de la facilitación de ensayos de funcionamiento de estos productos en la fase de prueba como el balance entre riesgo asumido en dicha prueba y las expectativas de común beneficio futuro en caso de que ésta prospere*[55]. Con esta línea de pensamiento el Parlamento Europeo estableció en el en el Código de Conducta Ética para ingenieros en robótica que el riesgo provocado por la llegada de la robótica no podía incrementar el riesgo ya existente en la vida cotidiana. Este límite puede ser considerado como un requisito mínimo de seguridad para los productores de productos que lleven sistemas de IA para la comercialización y puesta en el mercado. Lo importante en todo ello, como concluye Campos Rivera, *a la hora de valorar los riesgos que estos productos implicarían para la vida cotidiana, resulta pertinente que estos fuesen valorados en conjunción con los riesgos que vendrían a solventar, pudiéndose entonces pensar que la utilidad y beneficios sociales que implica el desarrollo industrial en el sector tecno lógico justificarían los riesgos que estos producto pudieran suponer para la vida cotidiana*[56]. Este régimen que se viene comentando de una responsabilidad cuasiobjetiva que se fundamenta en el análisis y gestión del posible riesgo que se genere en el uso de la IA, implica una aceptación de un margen de actuación de la actividad industrial vinculada la producción e incorporación en el mercado de los productos que poseen inteligencia artificial, eso sí, siempre y cuando el riesgo responda a las pautas y condiciones que se han marcado como tolerables en el reciente Reglamento (UE) 2024/1689 del Parlamento Europeo y del Consejo, de 13 de junio de 2024, por el que se establecen normas armonizadas en materia de inteligencia artificial (Reglamento de Inteligencia Artificial[57]. Como señala Cam-

---

55.   Campos Rivera, G., «La responsabilidad civil deriva del uso de la IA. Situación actual y reto para el futuro reglamento europeo», *Revista Jurídica de la Universidad Autónoma de Madrid*, n° 46, 2022, pág. 195.

56.   Campos Rivera, G., op. cit., pág. 197.

57.   Este Reglamento, pinero a nivel internacional en la regulación de la inteligencia artificial, cuya entrada en vigor con carácter general se producirá el 2 de agosto de 2026, tiene por objeto la mejora del mercado interior y la promoción de una inteligencia artificial centrada en el ser humano y en el concep-

pos Rivera, es *un modelo de responsabilidad cuasiobjetiva que no pretende la reparación integral del daño, sino el desarrollo industrial, la minimización de sus negativas y la maximización de sus beneficios*[58].

Como señala Laín Navarro, a la hora de valorar todo contexto del daño, riesgo asumible y cumplimiento de las normas establecidas, debe tenerse una premisa clara: *el no tratar con sumo cuidado de manera restrictiva la excepción de los riesgos del desarrollo es un gran riesgo, pues es muy posible que en la mayoría de los casos de IA se pueda dejar abierta la puerta para la negligencia*[59].

Asimismo, el defecto podría devenir del diseño del producto y no de la seguridad. Esto es, el robot es defectuoso en su diseño cuando los riesgos previsibles de causación de un daño inherentes al producto podrían haberse reducido o evitado por medio de la adopción de un diseño alternativo razonable por el vendedor u otro distribuidor, o por un predecesor en la cadena de producción o distribución, y la omisión del diseño alternativo supone que el producto no es razonablemente seguro. Por último, el robot sería defectuoso debido a la inadecuación o inexistencia de instrucciones o advertencias

---

to de fiabilidad, pretendiendo la garantía de un elevado nivel consecuencias de protección de bienes jurídicos importantes como, la salud, la seguridad, los derechos fundamentales, la democracia, el Estado de Derecho y el medio ambiente (art. 1). Su contenido gira alrededor de un postulado fundamental: el riesgo y los efectos perjudiciales que puede entrañar los sistemas de IA para los intereses públicos y derechos fundamentales, incluyéndose los perjuicios físicos, psíquicos, sociales y económicos que puede irrogar (Considerando 5). Para ello se crea una estructura normativa con base en la gestión del riesgo, el cumplimiento normativo y la supervisión de determinados órganos. Se establecen diferentes clases de riesgos: riesgos inadmisibles; alto riesgo y riesgo bajo.

58.   CAMPOS RIVERA, G., op. cit., pág. 198. Cabe aclarar que no se estaría hablando —responsabilidad objetiva— de un criterio más débil de imputación que lleva aparejado, como compensación, la limitación de su potencial indemnizatorio, sino que las limitaciones están vinculadas con otras razones alejadas del aspecto indemnizatorio, y tiene con la viabilidad, la protección o el fomento de actividades que se verán beneficiadas con dichos límites.

59.   LAÍN NAVARRO, G., op. cit., pág. 213.

conforme al estado de la ciencia y la técnica. El propietario o el usuario podría haber actuado con negligencia o dolo alterando o dando instrucciones inadecuadas al robot en este caso sería el responsable del daño. Como se puede observar, la mayor parte de las veces será posible remontarse hasta un agente humano concreto (fabricante, propietario o un usuario) y perfectamente imputable (responsable de lo ocurrido). Una responsabilidad objetiva y solidaria de todos los sujetos intervinientes, con derecho a repetición cunado se determine la actuación culposa o negligente de un sujeto concreto.

En esta dirección se encuentra la Directiva 85/374CE, cuando en su considerando 5 establece que: *varias personas fueran responsables del mismo daño, la protección del consumidor exige que el perjudicado pueda reclamarle a cualquiera de ellas la reparación integral del daño.* Y el artículo 5 de la misma dispone: *Si, en aplicación de la presente Directiva, dos o más personas fueran responsables del mismo daño, su responsabilidad será solidaria, sin perjuicio de las disposiciones del Derecho interno relativas al derecho a repetir.* Lo mismo sucede en la Propuesta de Directiva del Parlamento Europeo y del Consejo sobre responsabilidad por los daños causados por productos defectuosos (28.9.2022) COM (2022), donde los sistemas de IA y los bienes basados en ella son productos y, por tanto, entran dentro del ámbito de aplicación de la presente directiva. Por ello, cuando la IA defectuosa ocasiona perjuicios se puede obtener una indemnización sin necesidad que la persona que sufre el daño tenga que demostrar la culpa del fabricante. La nueva Directiva sobre productos defectuosos aprobada el 12 de marzo de 2024 también recoge la solidaridad entre los responsables: *Sin perjuicio de las disposiciones nacionales en relación con los derechos de división de la responsabilidad o de repetición, los Estados miembros garantizarán que, cuando dos o más operadores económicos sean responsables de los mismos daños con arreglo a la presente Directiva, puedan ser considerados responsables solidariamente* (art. 12).

Asimismo, se introduce mecanismos de facilitación de la prueba del defecto y de la relación de causalidad y distingue entre supuestos en que existe un deber de aportar información probatoria (art. 8. Exhibición de pruebas), de aquellos otros en que se establecen presunciones relativas al defecto y la relación de causalidad para facilitar la carga de la prueba de tales presupuestos, que sigue recayendo sobre el demandante (cf. art. 9. Carga de la prueba). El art. 8 de la Propuesta faculta a los tribunales, *a petición de una persona perjudicada que reclame una indemnización por los daños causados por un producto defectuoso para ordenar a los demandados que aporten aquella que sea necesaria para que el demandante pueda llevar a cabo la prueba que le incumbe.* La nueva Directiva aprobada el 12 de marzo de 2024 mantiene las mismas facultades, en este sentido refiere que: *Los Estados miembros garantizarán que, a petición de una persona que reclame una indemnización en un procedimiento ante un órgano jurisdiccional nacional por los daños causados por un producto defectuoso (en lo sucesivo, «demandante»), y que haya presentado hechos y pruebas suficientes para respaldar la verosimilitud de la demanda de indemnización, se exigirá al demandado que exhiba las pruebas pertinentes de que disponga, de acuerdo con las condiciones establecidas en el presente artículo. 2. Los Estados miembros garantizarán que, a petición del demandado que haya presentado hechos y pruebas suficientes para demostrar su necesidad de pruebas a efectos de oponerse a una demanda de indemnización, el demandante esté obligado, de conformidad con el Derecho nacional, a exhibir las pruebas pertinentes que estén a su disposición. 3. Los Estados miembros garantizarán que la exhibición de pruebas con arreglo a los apartados 1 y 2, y de conformidad con el Derecho nacional, se limite a lo que sea necesario y proporcionado* (art. 9, apartados 1,2 y 3).

En lo relativo al defecto, el art. 9 (2) establece que se presume cuando el demandado haya incumplido la obligación de exhibir las pruebas pertinentes, de conformidad con el art-8 (1); o cuando el demandante demuestre que el producto no cumple los requisitos obligatorios de seguridad establecidos en el Derecho de la Unión o en la legislación nacional que tienen por objeto proteger contra el riesgo del daño que se ha producido o, finalmente, cuando demuestra que el daño fue causado por un mal funcionamiento evidente del producto durante el uso normal o en circunstancias normales. También se introduce toda una serie de reglas adicionales de facilitación probatoria cuando el tribunal nacional considere que, debido a la complejidad técnica o científica, el demandante se enfrenta a dificultades excesivas para probar el defecto del producto o la relación de causalidad entre el defecto y el daño, o ambos presupuestos. Estas mismas presunciones que postulaba la Propuesta se vieron plasmadas en la reciente Directiva del 12 de marzo de 2024, en su art. 10 que transcribimos a continuación:

1. Los Estados miembros garantizarán que se exija al demandante que demuestre el carácter defectuoso del producto, el daño sufrido y el nexo causal entre ese carácter defectuoso y ese daño.

2. Se presumirá el carácter defectuoso del producto cuando se cumpla alguna de las siguientes condiciones: a) el demandado no haya exhibido las pruebas pertinentes de conformidad con el artículo 9, apartado 1; b) el demandante demuestre que el producto no cumple los requisitos obligatorios de seguridad del producto establecidos en el Derecho de la Unión o nacional que tienen por objeto proteger contra el riesgo del daño sufrido por la persona perjudicada, o c) el demandante demuestre que el daño fue causado por un mal funcionamiento manifiesto del producto durante un uso razonablemente previsible o en circunstancias normales.

3. Se presumirá el nexo causal entre el carácter defectuoso del producto y el daño cuando se haya comprobado que el producto es defectuoso y el daño causado sea de un tipo compatible normalmente con el defecto en cuestión.

Además, la Propuesta deja sentado que no sólo los fabricantes de equipos informáticos, sino también proveedores de programas informáticos y los proveedores de servicios digitales que influyen en el funcionamiento del producto pueden ser considerados responsables. El perjudicado podría dirigir su reclamación frente a todos los que sean responsables del daño, incluido también el proveedor de programas informáticos o de actualizaciones de elementos digitales[60]. En este sentido, la nueva Directiva aprobada en este año 2024, amplia a las personas responsables a la hora de indemnizar el daño producido por el defecto del producto, en su artículo 8. En tal sentido el considerando 36 refiere que *La protección de las personas físicas exige que cualquier fabricante que intervenga en el proceso de producción pueda ser considerado responsable, en la medida en que su producto o un componente suministrado por dicho fabricante sea defectuoso. Esto incluye a cualquier persona que se presente como fabricante colocando o autorizando a un tercero a colocar su nombre, marca o cualquier otro elemento distintivo en un producto, ya que al hacerlo da la impresión de estar participando en el proceso de producción o de estar asumiendo la responsabilidad de este. Cuando un fabricante integre en un producto un componente defectuoso de otro fabricante, la persona perjudicada debe poder reclamar una indemnización por los mismos daños tanto al fabricante del producto como al fabricante del componente. Cuando un componente esté integrado en un producto que no esté bajo el control del fabricante de dicho producto, la persona perjudicada debe poder reclamar una indemnización al fabricante de componentes cuando el propio componente sea un producto con arreglo a la presente Directiva.* Y en el Considerando siguiente se menciona que *A fin de garantizar que las personas perjudicadas tengan posibilidad de reclamar una indemnización exigible cuando un fabricante de un producto esté establecido fuera de la Unión, debe ser posible considerar responsables al importador de dicho producto y al representante autorizado*

---

60.   Ver Jorqui Azofra, M., *Responsabilidad por daños causados por productos y sistemas de inteligencia artificial*, Dykinson, Madrid, 2023, pág. 243. En esta línea, la Propuesta de Directiva añade ahora a la definición de producto, como bien mueble, aunque esté integrado en otro bien mueble o en un bien inmueble, los archivos de fabricación digital y los programas informáticos o software, y sigue mencionando la electricidad (art. 4(1).

del fabricante designado para funciones específicas en virtud de la legislación de la Unión, por ejemplo la relativa a la seguridad de los productos y vigilancia del mercado. La vigilancia del mercado ha mostrado que en las cadenas de suministro a veces participan operadores económicos con una forma nueva que no encaja fácilmente en las cadenas de suministro tradicionales conforme al marco jurídico existente. Tal es el caso, en particular, de los prestadores de servicios logísticos, que realizan muchas de las mismas funciones que los importadores, pero que pueden no siempre corresponder a la definición tradicional de importador en el Derecho de la Unión. Los prestadores de servicios logísticos desempeñan un papel cada vez más importante como operadores económicos, permitiendo y facilitando el acceso de productos procedentes de terceros países al mercado de la Unión. Este cambio de papel ya se refleja en el marco de la seguridad de los productos y vigilancia del mercado, en particular en los Reglamento (UE) 2019/1020 12 y (UE) 2023/98813 del Parlamento Europeo y del Consejo. Por consiguiente, debería ser posible considerar responsables a los prestadores de servicios logísticos, pero, dada la naturaleza subsidiaria de dicha función, solo deberían ser responsables cuando no exista ningún importador o representante autorizado establecido en la Unión. Con el fin de encauzar la responsabilidad de manera eficaz hacia los fabricantes, importadores, representantes autorizados y prestadores de servicios logísticos, debe ser posible exigir responsabilidades a los distribuidores únicamente cuando no identifiquen con prontitud a un operador económico pertinente establecido en la Unión.

Por otro lado, la nueva Directiva reafirma que el fabricante de un producto no puede exonerarse de responsabilidad alegando que el defecto del producto proviene de alguno de sus componentes (ej. el *software*), cuando este hubiese sido introducido por otro, pues en este caso frente al damnificado serán responsables tanto el fabricante del producto terminado como el del componente defectuosos. Pues, como señala Jorqui Azofra, *pueden darse situaciones en las que los actos u omisiones de personas distintas del operador económico potencialmente responsable, contribuyan además de al carácter defectuoso del producto a la causa de los daños sufridos, como la situación en la que un tercero explote la vulnerabilidad de ciberseguridad del producto*[61].

El art. 12.1 de la Propuesta resalta que: *los estados miembros garantizarán que la responsabilidad de un operador económico no se reduzca cuando los daños sean causados tanto por el carácter defectuoso de un producto como por un acto u omisión de un tercero.* Misma normativa recoge la nueva Directiva en su art. 13 que expresa que *Sin perjuicio del Derecho nacional en materia de derechos de división de la responsabilidad o de repetición, los Estados miembros garantizarán que la responsabilidad de un operador económico no se reduzca o anule cuando los daños sean causados tanto por el carácter defectuoso de un producto como por un acto u omisión de un tercero.* Lo mismo ocurre en nuestro derecho nacional al no permitir dicha limitación de responsabilidad. El art. 133 del TRLGDCU contempla que *la responsabilidad prevista en este libro no se reducirá cuando el daño sea causado conjuntamente por un defecto del bien o servicio y por la intervención de un tercero. No obstante, el sujeto responsable que hubiera satisfecho la indemnización podrá reclamar al tercero la parte que corresponda a su intervención en la producción del daño.*

Si se recoge en la nueva Directiva del 12 de marzo de 2024 la reducción de la indemnización cuando haya culpa del sujeto perjudicado, en tal sentido el art. 13.2 dice *La responsabilidad del operador económico podrá reducirse o anularse cuando el daño sea causado conjuntamente por el carácter defectuoso del producto y por la culpa de la persona perjudicada o de una persona de la que la persona perjudicada sea responsable.*

Esta normativa recogida en el TRLGDCU del 2007, es compatible con otras normas sobre responsabilidad civil de nuestro ordenamiento jurídico, especialmente con las reglas generales que contienen los artículos 1101 y 1902 de nuestro Código ci-

---

61. Jorqui Azofra, M., op. cit. pág. 243.

vil, y ello se debe a la limitada cobertura que puede establecer la regulación específica.

Así pues, llegados a este punto se hace oportuno ir expresando algunas ideas a manera de conclusión, en primer lugar, consideramos que siempre detrás de un robot, o de un algoritmo o incluso, si se quiere, de *software* nos encontraremos con una persona, física o jurídica; el que ha fabricado el producto, el ingeniero informático o electrónico que ha diseñado la aplicación, el propietario del producto o sistema, el que maneja al robot, e incluso el usuario. Entre alguno o algunos de ellos estará el responsable del perjuicio ocasionado. En ningún caso, como afirma Gómez Ligüere, *se le puede atribuir a una cosa la capacidad de responder de los daños provocados a terceros, puesto que éstos sólo pueden ser consecuencia última de la actuación, o incluso de la omisión, del ser humano*[62]. De la misma opinión es Ebers, que sostiene que *cualquier acto de la inteligencia artificial siempre permanece enlazado a la acción humana, lo que es jurídicamente relevante y significa que, en* última instancia, siempre se deja ver una persona imputable[63].

En segundo lugar, hasta que no veamos la luz de una normativa que establezca un régimen de responsabilidad específico para el resarcimiento de los daños causados por los sistemas de IA deberá acudirse a las reglas generales de responsabilidad civil de cada uno de los Estados Miembros, lo que puede dar lugar a soluciones muy diferentes, no solo por la diversidad de regulaciones sustantivas sino también por las dificultades que plantea en estos casos la prueba de algunos de los presupuestos de la responsabilidad civil.

En tercer lugar, como señala Martín Casals, *la autonomía, una de las características que en mayor o menor medida tienen los sistemas de IA, supone un reto para las reglas de res-*

---

62.   Ver Gómez Ligüerre, C., "Liability for artificial intelligence and other emerging technologies", *Revista para el análisis del Derecho*, nº. 1, 2020, pág. 501.
63.   Vid. Ebers, M., "La utilización de agentes electrónicos inteligentes en el tráfico jurídico: ¿necesitamos reglas especiales en el Derecho de la responsabilidad civil?", *Indret Revista para el Análisis del Derecho,* nº 3, 2016, pág. 8.

ponsabilidad existentes, entre otras razones, porque cuando causan un daño puede resultar difícil determinar a quién puede atribuirse su autoría. El carácter opaco de tales sistemas, es decir, la dificultad de comprender y explicar cómo han tomado sus decisiones, por las propias características de la tecnología que utilizan, como sucede en el caso de algunos métodos de aprendizaje profundo (deep learning),17 también dificulta de modo especial la prueba no solo de la culpa sino también de la relación de causalidad[64]. También se deberán tratar y clarificar temas como son la prueba de la culpa, del defecto, de acreditar la relación de causalidad, problemas que genera la interconectividad como puede ser los ciberataques

En cuarto lugar, la Propuesta de Directiva sobre responsabilidad por los daños causados por productos defectuosos del 28 de septiembre de 2022 que hemos estado comentando, y que se ha convertido en Directiva actual (12/3/2024) suprimiendo de modo definitivo la Directiva 85/374/CEE ofrece al legislador de cada Estado Miembro su adaptación, por lo que no es extraño que la doctrina se pregunte si no hubiese sido más apropiado o conveniente haberla convertido en un Reglamento, para evitar que en el proceso de transposición normativa nacional, se origen tratamientos diversos entre los Estados miembros.

Por supuesto que los avances tecnológicos han venido a quedarse y, que las nuevas tecnologías y el uso de sistemas que se basan en la inteligencia artificial, pueden ser de gran utilidad en un proceso de mediación, pero no caigamos en la trampa de primar frías estadísticas sobre problemas reales, que requieren soluciones reales con una clara comprensión de la naturaleza humana y sus sentimientos.

Abiertos al futuro sí, pero con cautela, sin perder el sentido común. Aprendamos y no olvidemos el pasado, somos conscientes del presente y pensamos en el futuro, pero sin volver-

---

64. Ver MARTIN CASALS, M., "Las propuestas de la Unión Europea para regular la responsabilidad civil y los daños causado por sistemas de inteligencia artificial", InDret nº 3, 2023, pág. 67.

nos locos por las modas ni por los intereses de unos *lobbies* que parecen confiarlo todo a "bajar costes". La búsqueda de manera obsesiva de una eficiencia medida sólo en términos económicos no tiene por qué ser siempre positiva. La resolución de conflictos ha de estar siempre bajo la supervisión y control humano, de allí que el principio, *human in command*, establecido en el Dictamen del Comité Económico y Social, constituye el núcleo desde el cual se debiera extender la utilización de la inteligencia artificial. En efecto, la IA no razona, simplemente trabaja con probabilidades y con una ingente cantidad de datos. Puede servir para obtener evidencias previas para conocer las contra argumentaciones que puede utilizar la otra parte para deslegitimar una tesis, pero no es capaz de sustituir o reemplazar el factor humano. Incluso, parte de nuestra doctrina afirma que la denominación IA (Inteligencia Artificial) fue una simple cuestión de marketing o simple estrategia de mercado, porque no se trata directamente de razonamiento, sino de un tratamiento de datos de forma computarizada. Son sistemas incapaces de descifrar los contextos en los que se promulgan ciertas sentencias o laudos y sobretodo, siempre se debe salvaguardar los derechos fundamentales de las personas, su seguridad y privacidad.

Capítulo Segundo

Eficacia jurídica de la mediación

I. EJECUTIVIDAD DEL ACUERDO DE MEDIACIÓN

La Ley de Mediación 5/2012 no nos ofrece una definición del acuerdo de mediación, a pesar de ello, nos proporciona algunas pautas que nos permitirán llegar al significado del acuerdo de mediación que subyace a la norma. El artículo 1 de la LM, define a la mediación como "*medio de solución de controversias*", caracteriza al "acuerdo" como fin propio de aquel medio. Por su parte, el artículo 23 de la LM (i) exige que el acuerdo de mediación verse "*sobre una parte o sobre la totalidad de las materias sometidas a mediación*" (artículo 23.1.I de la LM) y especifica que "*las obligaciones que cada parte asume*" (artículo 23.1.II de la LM); (ii) impone al mediador el deber de "*informar a las partes del carácter vinculante del acuerdo alcanzado*" (artículo 23.3.II de la LM) y (iii) dispone que "*contra lo convenido en el acuerdo de mediación sólo podrá ejercitarse la acción de nulidad por las causas que invalidan los contratos*".

Algunos autores nos brindan algunas definiciones, así pues, Merino Nogales, se refiere a él como *aquel resultante del proceso de mediación, por el cual las partes en conflicto pactan libremente lo que a sus intereses conviene sobre todas o algunas cuestiones controvertidas, obligándose así al cumplimiento de lo acordado y suscrito*[65]; Gisbert Pomara, lo califica como *el acuerdo logrado en una mediación es un negocio jurídico por ser la manifestación de voluntad directa y reflexivamente encaminada a producir efectos jurídicos y contiene los pactos a los que hayan llegado los implicados respecto de la cuestión objeto de controversia, que sea de derecho disponible, y les obligará en lo que hayan suscrito, siempre que en el concurran los requisitos necesarios para la validez de los contratos (consentimiento, objeto y causa, ex art. 1261 CC)*[66], y López Hernández, sostiene que *el acuerdo de mediación tiene la naturaleza de contrato privado que, elevado a escritura pública, adquiere el carácter de título ejecutivo. Su contenido recoge las obligaciones asumidas por las partes en la conclusión del procedimiento de mediación, que puede versar sobre la totalidad o solo una parte de la materia sometidas al procedimiento*[67].

Así pues, podemos considerar al acuerdo de mediación, como un contrato suscrito entre dos o más partes, en virtud del cual, y con ayuda de un tercero imparcial —mediador— ponen fin a una controversia de forma total o parcial, evitando con ello la necesidad de acudir a los tribunales de justicia o alcanzando un acuerdo en el seno de un procedimiento judicial ya iniciado. Acuerdo ejecutable mientras cumpla los requisitos marcados por la ley[68].

---

65.   Ver MERINO NOGALES, M., *Contrato de mediación y acuerdo mediacional conforme a la legislación española. Eficacia jurídica de los acuerdos alcanzados,* Universidad Internacional de Andalucía, Sevilla, 2012.

66.   Ver GISBERT POMARA, M., *El contrato de mediación y el acuerdo de mediación civil y mercantil,* Thomson-Civitas, Pamplona, 2014, pág. 162.

67.   Ver LÓPEZ HERNÁNDEZ, J.M., *El procedimiento de la mediación en asuntos civiles y mercantiles. Aspectos jurídicos.* Uno editorial, Albacete, 2014, pág. 185.

68.   En sentido similar se expresa LÓPEZ DE ARGUMEDO, A., "El acuerdo de mediación", en *Diario La Ley,* núm. 8477, sección doctrina, 2015, al manifestar que *"el acuerdo de mediación es el contrato por el que las partes solucionan, de manera total o parcial, la controversia sometida a mediación, evitando así un litigio o poniendo fin al ya iniciado. Como consecuencia de su naturaleza transaccional, el acuerdo de mediación queda sujeto al Derecho de los contratos —y,*

A pesar que al acuerdo de mediación acordado llegan las partes de manera totalmente voluntaria y libre, siempre cabe la posibilidad de que aquél sea incumplido, por ello, la parte que desea su cumplimiento necesita que el ordenamiento jurídico le proporcione mecanismos adecuados para que los pactos alcanzados puedan ser ejecutados.

La posibilidad de constituir título ejecutivo a partir del acuerdo si este se eleva a escritura pública queda recogido en el 23.3 LM, pero a su vez esta posibilidad viene prevista en la LEC donde recoge la forma de hacerlo y los efectos que suponen.

Artículo 517 Acción ejecutiva. Títulos ejecutivos

1. La acción ejecutiva deberá fundarse en un título que tenga aparejada ejecución.

2. Sólo tendrán aparejada ejecución los siguientes títulos:

1.º La sentencia de condena firme.

2.º Los laudos o resoluciones arbitrales y los acuerdos de mediación, debiendo estos últimos haber sido elevados a escritura pública de acuerdo con la Ley de mediación en asuntos civiles y mercantiles.

3.º Las resoluciones judiciales que aprueben u homologuen transacciones judiciales y acuerdos logrados en el proceso, acompañadas, si fuere necesario para constancia de su concre-

---

en particular, al régimen jurídico del contrato de transacción—, con la excepción de aquellos aspectos directamente regulados por la Ley de Mediación". Otros autores lo definen como "único modo formal o adjetivo de poner término a la mediación" (LORCA NAVARRETE, A.M., *Mediación en asuntos civiles y mercantiles*, Instituto Vasco de Derecho Procesal (IVADP), San Sebastián, 2012, p. 183); Distinta será la concepción de acuerdo entendida como el documento físico, el cual también recibe el nombre de Acuerdo de mediación y que se entiende como el "*documento que se formaliza al finalizar el procedimiento y que recoge la solución alcanzada por las partes, que puede implicar total o parcialmente la perdida de conflictividad planteada en sede de mediación*" (Ver BARONA VILAR, S., *Mediación en asuntos civiles y mercantiles en España*, Tirant lo Blanch, Valencia, 2013, pág. 434).

to contenido, de los correspondientes testimonios de las actuaciones.

> *4.° Las escrituras públicas, con tal que sea primera copia; o si es segunda que esté dada en virtud de mandamiento judicial y con citación de la persona a quien deba perjudicar, o de su causante, o que se expida con la conformidad de todas las partes.*

A través del citado artículo de la LEC se habilita la acción de ejecución para todo documento que lleve aparejada ejecutabilidad. En su apartado 2° hace mención a los acuerdos de mediación que hayan sido elevados a escritura pública conforme e la misma LM, se refiere a los acuerdos de mediaciones extrajudiciales. En el apartado 3° se refiere a las resoluciones judiciales que homologan acuerdos logrados, y aquí es donde se dota de eficacia ejecutiva a los acuerdos de mediación intrajudiciales que se hayan homologado conforme a la LM. Se puede apreciar el otorgamiento del mismo valor que si de laudos y resoluciones arbitrales se tratarán, circunstancia que ha sido cuestionada por algún sector de la doctrina[69].

---

69. Ver PARDO IRANZO, V., *La ejecución del acuerdo de mediación*, Thomson-Reuters-Aranzadi, Pamplona, 2014, p. 118. Esta profesora de la Universidad de Valencia señala que "*hay que advertir una vez más del error que, en nuestra opinión supone la asimilación de este concreto título a los jurisdiccionales. Su naturaleza es claramente extra jurisdiccional y dicha conversión va a significar, por un lado, que alguno de los preceptos que la LEC dedica a la ejecución de títulos extra jurisdiccionales hayan de ser aplicados también al acuerdo de mediación elevado a escritura púbica y, por otro, que respecto de los relativos a la ejecución de títulos jurisdiccionales, que sin son de aplicación, la interpretación de la norma deba ser más que forzada. Adoptada la decisión por el legislador de que el acuerdo de mediación elevado a escritura pública sea un título ejecutivo, debería serlo extra jurisdiccional*". Por su parte, Ortiz Pradillo, refiere que "*la equiparación de los acuerdos de mediación a las resoluciones arbitrales no es baladí, pues la distinción que la LEC traza entre títulos judiciales y parajudiciales, de un lado, y extrajudiciales, de otro, tiene consecuencias relevantes en sede de ejecución. Así, entre otras diferencias, hemos de señalar que los títulos ejecutivos extrajudiciales sólo sirven de fundamento a una ejecución dineraria y, en concreto, por cantidad determinada o líquida que exceda de 300*

El acuerdo de mediación lleva un añadido: "*debiendo estos últimos haber sido elevados a escritura pública de acuerdo con la ley de mediación en asuntos civiles y mercantiles*", coletilla que introduce la disposición final tercera de LM. Esta modificación legislativa vino obligada, según la doctrina[70], por la redacción de los arts. 12 del PLM, que al fijar los requisitos académicos para obtener la cualificación de mediador sólo exigía en su apartado b), estar en posesión de título oficial universitario o de educación superior; y en el art. 24.4 que establecía *El acuerdo de mediación produce efectos de cosa juzgada para las partes y frente a él sólo podrá solicitarse la anulación*. El primero se modificó con las nuevas exigencias del art. 11.2 LM que exige, además, *contar con formación específica para ejercer la mediación, que se adquirirá mediante la realización de uno o varios cursos específicos impartidos por instituciones debidamente acreditadas, que tendrán la validez para el ejercicio de*

---

euros, de acuerdo con lo previsto en el artículo 520 LEC60. Por otra parte, las posibilidades de oposición a la ejecución son más limitadas cuando su fundamento es un título judicial (artículo 556 LEC) que cuando aquélla se ha despachado con base en un título extrajudicial (artículo 557 LEC) y, además, el previo requerimiento de pago será o no necesario en función del carácter judicial o extrajudicial del título cuya ejecución se insta (artículo 580 LEC)", (Ver ORTIZ PRADILLO, J.C., "La Mediación en asuntos civiles y mercantiles: propuestas para la incorporación de la Directiva 2008/52/CE al Derecho español", en *Revista General de Derecho Procesal*, núm. 26, 2012, p. 37.

70.   En este sentido GONZÁLEZ-CUELLAR SERRANO, N., "La ejecución judicial de títulos extrajudiciales", *revista El Notario del S. XXI*, núm. 39, sept.-oct. 2011, analizando el valor de la escritura pública como título extrajudicial considera incoherente que mientras que la escritura pública solo es título ejecutivo cuando contiene una obligación de dar una cantidad líquida o liquidable, en el proyecto de mediación se establecía que el acuerdo de mediación, que podía versar sobre diferentes tipos de obligaciones, se lo configurase como un título directamente ejecutable. Resaltaba que *carece de sentido atribuir carácter ejecutorio a documentos firmados por personas que no ejercen función pública alguna y cuya garantía de autenticidad es inexistente o muy débil, y que no tienen por qué tener preparación jurídica y de hecho no es usual que la tengan. Al hacerlo, además, se produce el efecto de desnaturalización de la ejecución forzosa, por la necesidad de realización de un control de legalidad en algún momento, con el resultado previsible de conversión de la ejecución en proceso de cognición.*

la actividad mediadora en cualquier parte del territorio español. En lo que se refiere a la ejecución *per se*, del acuerdo en el Proyecto, se levantaron muchas voces solicitando la necesidad de crear un mecanismo de formalización del acuerdo de mediación, para poder garantizar su valor o fuerza ejecutiva, que debía ser verificado por autoridad competente, judicial o no, para asegurarse, de esta manera, el control de legalidad del contenido de dicho acuerdo, máxime cuando ni las partes ni el mediador eran peritos jurídicos[71].

La vigente LM asume dichas observaciones y pone remedio al establecer (art. 23.3) que *El mediador informará a las partes del carácter vinculante del acuerdo alcanzado y de que pueden instar su elevación a escritura pública al objeto de confi-*

---

71.   Exigencia que resalta el profesor SANTOS VIJANDE, J.M., "Tratamiento procesal de la mediación y eficacia ejecutiva del acuerdo de mediación en la Ley 5/2012", *revista Internacional de Estudios de Derecho Procesal y Arbitraje*, núm. 1, marzo 2013, pág. 19, al manifestar que *"Además, de este modo se evitaría que ese control de legalidad tuviera que ser realizado por el juez durante el proceso de ejecución forzosa —tal y como preveía el art. 29 del Proyecto—, lo cual, a su vez, desnaturalizaría la ejecución, convirtiéndola, impropiamente, en un proceso de cognición, pues el juez habría de ir mucho más allá de la verificación formal propia del despacho de la ejecución (art. 551 LEC) y del alcance de las causas de oposición legalmente previstas (arts. 556 y ss. LEC).* En la misma dirección, se pronuncia DE LA OLIVA SANTOS, A., "Mediación y justicia: síntomas patológicos", en *Otrosí*, núm. 8, octubre 2011, pág.12, cuando firma que, *Según el PLM, lo que presentaría al juez para iniciar el proceso de ejecución no sería sino un documento privado en el que constaría un acuerdo, por más que se acompañe copia de las actas de la sesión constitutiva y final del procedimiento (otro documento privado), conforme al 26 PLM. Se trataría de un documento sin las condiciones esenciales para constituir un título ejecutivo extrajudicial o contractual, entre las que se encuentra la intervención de fedatario que proporciona seguridad de que lo que aparece pactado responde efectivamente a la voluntad de quienes aparecen como protagonistas del pacto y obligados a cumplirlo. El PLM no hace fedatarios a los mediadores regulados en el PLM y una protocolización notarial del acuerdo, que puede ser unilateral (art. 24.3 párrafo segundo PLM), no equivale en modo alguno a la dación de fe sobre el hecho del pacto en sus concretos términos …Sería, pues, una pura y neta voluntad política la que introduciría en el Derecho español el insólito fenómeno de la fuerza ejecutiva de unos documentos privados…"*

gurar su acuerdo como un título ejecutivo. El acuerdo deja de tener eficacia ejecutiva per se, teniendo el valor *inter partes* propio de un contrato o convenio. Si las partes elevan a escritura pública ese acuerdo, entonces es cuando ese pacto, así documentado, se convierte en título ejecutivo. Giro normativo que comienza a presentirse en el informe emitido por el Consejo General del Poder Judicial al Anteproyecto de Ley de Mediación del 19 de mayo de 2010, al señalar que *cabe propugnar la configuración de un procedimiento de homologación preceptivo y uniforme para todos los casos de mediación, sobrevenga ésta o no tras haberse iniciado un proceso judicial, lo que, además de lograr una adecuación con los mandatos de la Directiva, permitirá dotar de sentido a la previsión del art. 33 de la Norma proyectada, al implementar un mecanismo merced al cual sería posible verificar la conformidad a Derecho del acuerdo de medicación. De esta forma el sistema en su conjunto resultaría más coherente, pues no parece que permitir dicha ejecutividad de los acuerdos de mediación extrajudicial, convirtiéndolos en títulos ejecutivos por sí mismos sin ulterior control jurídico de su contenido, se corresponda con disponer que las transacciones judiciales y los acuerdos intraprocesales necesitan del dictado de una resolución judicial, la cual, y no el acuerdo o la transacción en sí, será la que lleve aparejada la ejecución.*

Además, como venimos señalando a lo largo de nuestro trabajo, la eficacia jurídica que se le otorgue al acuerdo de mediación no es una cuestión, menor, baladí, su importancia está vinculada a la propia concepción de la institución y su proyección jurídica y social. En este sentido Valiño Ces, refiere que *en el afán por impulsar la mediación y acometer su incorporación al modelo de Justicia del siglo XXI, se encuentra la atribución de eficacia jurídica del acuerdo final que se alcance en el procedimiento de mediación. De esta forma, la mediación puede adquirir una mayor fortaleza como institución en el seno de los cauces de tutela que se ofrecen por el ordenamiento jurídico a los ciudadanos*[72]. Consecuencia, de su carácter ejecutivo, facilita que aquél pueda ser reconocido y declarado ejecutivo en los otros países que integran la Unión Europea, de conformidad con la normativa comunitaria o nacional[73].

Llegados a este punto, pasamos a analizar las tres circunstancias en las que nos podemos encontrar ante el acuerdo de mediación: a) un acuerdo de mediación suscrito y elevado a escritura pública; b) el acuerdo de mediación incluido en una sentencia judicial, auto y laudo arbitral; c) un acuerdo firmado por las partes, pero no elevado a escritura pública.

1. Acuerdo de mediación elevado a escritura pública

Está claro que el acuerdo de mediación, de conformidad con el art. 25.1 de la LM, elevado a escritura pública constituye título ejecutivo, diferencia notoria y sustancial, como hemos señalado anteriormente, con el Proyecto de 2011; pero cuáles son los trámites, ¿debe el acuerdo ser firmado por el mediador?, ¿puede sólo una de las partes firmantes elevarlo a público documento?, son preguntas que iremos tratando de resolver, aunque la doctrina no sea unánime y la jurisprudencia pocas veces se ha pronunciado al respecto.

En lo que respecta a la obligatoriedad o necesidad de que el mediador deba suscribir el acuerdo de mediación logrado, el art. 23.2 dice que *El acuerdo de mediación deberá firmarse por las partes o sus representantes* y el art. 22.3 párrafo segundo

---

72.   Ver VALIÑO CES, A., *La mediación extrajudicial, intrajudicial y electrónica*, Colex, Madrid, 2023, p. 206. Idea que se recoge en el Preámbulo de la LM cuando señala: *Colorario de esta regulación es el reconocimiento del acuerdo de mediación como título ejecutivo, lo que producirá con su ulterior elevación a escritura pública, cuya ejecución podrá instarse directamente ante los tribunales.* Postura que deriva de la propia Directiva 2008 que señala la necesidad de que los Estados miembros de la EU garanticen a las partes el carácter ejecutivo del acuerdo escrito (artículo 6 y Considerando n° 19).

73.   Ver Reglamento (UE) 1215/2012 del Parlamento Europeo y del Consejo, de 12 de diciembre, relativo a la competencia judicial, el reconocimiento y la ejecución de resoluciones judiciales en materia civil y mercantil.

expresa *El acta deberá ir firmada por todas las partes y por el mediador o mediadores y se entregará un ejemplar original a cada una de ellas...* Así pues, vemos que no se fija la obligatoriedad de firmar el acuerdo propiamente dicho, sino el acta final de la mediación, por el mediador, a diferencia de lo que ocurría en la regulación del RDLM[74].

Por ende, no existe una concreta norma que impida la presencia del mediador en el acto de elevación a escritura pública, es más, a tenor del contenido del art. 25.2 de la LM que le exige al notario verificar el cumplimiento de los requisitos legales, no sería extraño, que este fedatario público requiera al mediador la acreditación de su cualificación profesional como tal, máxime que, como hemos visto antes, no siendo obligatoria la inscripción en el oportuno registro, no contaría con otros instrumentos o medios para comprobar la existencia de los requisitos, pudiendo afectar incluso al propio acuerdo de mediación ante una posible negativa de elevación a público documento, y provocaría, además, un tratamiento ejecutivo muy distinto tratándose de un acuerdo de mediación ejecutable que una transacción.

Ahora bien, con relación a quien o quienes pueden elevar a público el acuerdo de mediación, el art. 25.1 de la LM, manifiesta que:

Las partes podrán elevar a escritura pública el acuerdo alcanzado tras un procedimiento de mediación.

El acuerdo de mediación se presentará por las partes ante un notario acompañado de copia de las actas de la sesión constitutiva y final del procedimiento, sin que sea necesaria la presencia de mediador.

---

74.   El RDLM, en su art. 23.2 establecía que: *El acuerdo de mediación deberá firmarse por las partes o sus representantes y presentarse al mediador, en el plazo máximo de diez días desde el acta final.*

Claramente son las partes las que están facultadas para solicitar al notario la elevación del acuerdo de mediación a público documento, pero, ¿deben comparecer todas las partes intervinientes, o es suficiente que lo haga alguna de ellas?; sobre el particular no hay unanimidad doctrinal. Por ejemplo, el notario Antonio Ripoll sostiene que *el art. 25, que es el que regula esta materia, exige la comparecencia de las partes en conflicto para la elevación a escritura pública, pero ello no excluye que cualquiera de ellas, unilateralmente, pueda requerir la protocolización del acuerdo mediado con la autorización de la correspondiente acta notarial, que son cosas muy distintas, la escritura pública tiene carácter ejecutivo, el acta no. Si una de las partes no concurre al otorgamiento de la escritura pública pueden entrar en juego los artículos 1279 y 1280 CC cuyo cumplimiento será exigido por la vía judicial*[75].

Por su parte el magistrado Luis Soler considera que *Como resulta evidente, la negativa de cualquiera de las partes a elevar el acuerdo de mediación a escritura pública derivaría en el derecho al ejercicio de la correspondiente acción judicial por quien tuviese el interés, para tal consecución*[76]. Todo ello nos lleva a confirmar que la comparecencia ante notario para la elevación a público documento del acuerdo de mediación debe efectuarse por todas las partes implicadas, menos el mediador. La ausencia de una de ellas, obliga a la otra a ir a la vía judicial, para su cumplimiento, a través del correspondiente procedimiento declarativo.

En definitiva, la eficacia ejecutiva del acuerdo de mediación no admite la menor duda posible en el texto vigente: dependerá de la voluntad coincidente de las partes en el otorgamiento de la escritura pública, por lo que, la negativa de una de las partes de acudir a la notaría frustra desde *ab initio* la transfor-

---

75. Ver RIPOL JAÉN, A., "Mediación: teoría y práctica", en www.notariosyregistradores.com/contrato-de-mediación-y-modelos, 2013.
76. Ver SOLER PASCUAL, L.A., "La ejecución del acuerdo de mediación. La elevación a escritura pública. Problemática", *La Ley*, núm. 98, Práctica de Tribunales, sección estudios, noviembre-diciembre 2012.

mación en título ejecutivo de lo que se ha acordado. A partir de aquí, la efectividad del acuerdo dependerá del ejercicio de la correspondiente acción judicial requiriendo el cumplimiento de lo pactado[77].

En relación al tema que estamos tratando, el juez Pablo Sánchez Martín, se pregunta ¿si en el propio acuerdo de mediación se podría haber pactado por las partes la autorización expresa de una sola de ellas para elevar a escritura pública el mismo? A su juicio *esta última opción sería perfectamente viable a la vista de la previsión contenida en el art.6 de la Directiva 2008/52/CE, según el cual los estados miembros garantizarán que las partes, o una de ellas con el consentimiento explícito de las demás, pueden solicitar que se dé carácter ejecutivo al contenido de un acuerdo escrito resultante de una mediación, esto es, las partes podrán pactar en el acuerdo de mediación que el mismo se haga constar la autorización expresa de uno de ellos a la otra parte para que ésta última pueda elevar a público el acuerdo alcanzado, sin que sea necesaria su presencia ante el notario para el otorgamiento de escritura pública*[78].

Con esta posibilidad evitaríamos obligar a una de las partes a entablar acción por la vía jurisdiccional, lo que, además, va en contra del espíritu de la misma mediación, el poder resolver un conflicto por la voluntad de las partes. En esta dirección se expresa el Parlamento Europeo en el considerando 19 de la Directiva 2008/52/CE, al decir que: *La mediación no debe considerarse como una alternativa peor que el proceso judicial por el hecho de que el cumplimiento del acuerdo resultante de la*

---

77. Se deberá incoar el juicio declarativo que corresponda o el proceso monitorio si es que la obligación contenida en el acuerdo de mediación consiste en una deuda dineraria, líquida vencida y exigible (art. 812.1 LEC), siendo válido como documento acreditativo el propio acuerdo de mediación. (cfr. LÓPEZ JARA, M., "Incidencia del nuevo procedimiento de mediación en el proceso civil. A propósito del Real Decreto-Ley 5/2012, de 5 de marzo, de mediación en asuntos civiles y mercantiles", *Diario La Ley*, núm. 7857, mayo 2012.

78. Ver SÁNCHEZ MARTÍ, P., "Incidencia de la mediación en el proceso civil", *La Ley*, núm. 98, Práctica de Tribunales, sección estudios, noviembre-diciembre, 2012.

medicación dependa de la buena voluntad de las partes. Por tanto, los Estados miembros deben asegurar que las partes en un acuerdo escrito resultante de la mediación puedan hacer que su contenido tenga fuerza ejecutiva. Los Estados miembros solamente deben poder negarse a que un acuerdo tenga fuerza ejecutiva cuando su contenido sea contrario a su legislación, incluido su derecho internacional privado, o cuando ésta no disponga la fuerza ejecutiva del contenido del acuerdo específico. Así podría ocurrir cuando la obligación especificada en el acuerdo no tuviese fuerza ejecutiva por su propia índole[79].

Algún otro autor, para dar luz a la cuestión planteada, pone el acento en el control que debe realizar el notario sobre el acuerdo de mediación; si éste debe limitarse a controlar los requisitos señalados en el art. 23 de la LM, o, por el contrario, debe además mirar porque el contenido del acuerdo es la voluntad real de las partes. En el primer caso, no sería necesaria la concurrencia de las partes en conflicto, si en cambio, nos inclinamos por la segunda opción, entonces deberían comparecer todas las partes implicadas. De conformidad con la normativa legal, *…el notario verificará el cumplimiento de los requisitos exigidos en esta Ley y que su contenido no es contrario a Derecho* (art. 25.2), nuestra opinión se inclina ante la primera postura, lo contrario sería exigirle o ampliar la obligación del fedatario público, cosa no prevista en la norma[80].

---

79. Ver SANTOS VIJANDE, J.M., *op. cit.*, pág. 30, sostiene que *debería haberse previsto la posibilidad de que una de las partes, ella sola, o en su caso, con el mediador, pudiera ir ante Notario para que se realizara la elevación a escritura pública; esta previsión u otra de similar tenor, no solo hubiera preservado mejor la eficacia de la mediación, sino que, por añadidura, hubiera resultado totalmente coherente con uno de los principios que inspiran la LM…que el mediador constituye la pieza esencial del modelo…*

80. PARDO IRANZO., V., *op.cit.*, pág. 121, manifiesta que *Partiendo de lo anterior parece que el requisito de una nueva voluntad concorde de las partes para acudir ante Notario pudiera tener que ver, además de con la normativa notarial general al respecto, con el control que dicho fedatario debe de realizar para elevar el acuerdo a escritura pública. Si el mismo se limita a verificar que el acuerdo de meditación reúne los requisitos del artículo 23 LM (consta la iden-*

Otra duda que nos viene al hilo de nuestro estudio es la de si el mediador, por mandato expreso de las partes, puede elevar el acuerdo de mediación a escritura pública. En principio, creemos que si las propias partes incluyen esta posibilidad en el mismo acuerdo de mediación, no habría ningún impedimento legal para ello, máxime cuando el propio artículo 25.1 habla de que *las partes podrán...* Asimismo, pensamos que a través de un poder notarial a favor del mediador, se le podría facultar a éste a elevar a público documento el citado acuerdo, evitando, por alguno de estos medios, evitar que una de las partes, de forma caprichosa y con una clara mala fe procesal, quedase a merced de una de las partes la elevación a escritura pública.

Finalmente, si la mediación es efectuada ante notario, ¿podría éste elevar a escritura pública el acuerdo de mediación, donde él actuó como mediador? El artículo 139 párrafo quinto del Reglamento Notarial expresa que: *El notario no podrá autorizar o intervenir instrumentos públicos respecto de personas físicas o jurídicas con las que mantenga una relación de servicios profesionales.* A tenor de dicho texto, si entendemos "servicios profesionales" de forma amplia, no podría realizar la escritura pública; en cambio, si "servicios profesionales" se refiere solamente a su actividad notarial, no quedaría incluida la labor de mediación y sería factible la elevación a público documento por parte del notario-mediador.

---

tidad de las partes, su domicilio, etc.) y que su contenido no es contrario a derecho (que se trata de una materia disponible y que no es contrario al orden público) podría pensarse en que fuera suficiente con que la petición de elevación a escritura pública la realizara una de las partes. En cambio, si el Notario debe comprobar, sobre todo, que la voluntad plasmada en el acuerdo se corresponde con la voluntad real, aunque también, que el procedimiento de mediación se ha ajustado a los requisitos exigidos por la LM, entonces sería necesario que ambas partes se presenten ante Notario para la protocolarización del acuerdo.

2. Acuerdo de mediación en sentencia, auto y/o laudo

Ya hemos adelantado en nuestro trabajo que otra posibilidad de convertir el acuerdo de mediación en título ejecutivo es a través de la homologación judicial, como señala el art. 25.4 de la LM, que establece: *4. Cuando el acuerdo se hubiere alcanzado en una mediación desarrollada después de iniciar un proceso judicial, las partes podrán solicitar del tribunal su homologación de acuerdo con lo dispuesto en la ley de enjuiciamiento civil.*

En el procedimiento ordinario del artículo el art. 415.1, por reforma de ley 42/2015 de 5 octubre se establece que:

...Las partes de común acuerdo podrán también solicitar la suspensión del proceso de conformidad con lo previsto en el apartado 4 del artículo 19, para someterse a mediación.

En este caso, el tribunal examinará previamente la concurrencia de los requisitos de capacidad jurídica y poder de disposición de las partes o de sus representantes debidamente acreditados, que asistan al acto.

El artículo 443.1 de la LEC, incluye a la mediación al igual que en el juicio ordinario. Se establece que: *...Las partes de común acuerdo podrán también solicitar la suspensión del proceso de conformidad con lo previsto en el apartado 4 del artículo 19, para someterse a mediación. En este caso, el tribunal examinará previamente la concurrencia de los requisitos de capacidad jurídica y poder de disposición de las partes o de sus representantes debidamente acreditados que asistan al acto.* Como vemos, el momento en que las partes puedan someterse a una mediación intrajudicial es muy amplio, a tenor de las normas transcriptas, eso sí, siempre que las actuaciones judiciales no estén listas para sentencia.

Y ¿cómo se formaliza?, pues bien, en el juicio verbal, el art. 443.1 de la LEC, expresa que *En el caso de haberse alcanzado en la mediación acuerdo entre las partes, éstas deberán comunicarlo al tribunal para que decrete el archivo del procedi-*

miento, sin perjuicio de solicitar previamente su homologación judicial." En parecidos términos para el juicio ordinario (art. 415), "si manifestasen haber llegado a un acuerdo o se mostrasen dispuestas a concluirlo de inmediato, podrán desistir del proceso o solicitar del tribunal que homologue lo acordado.

En lo que respecta a los procesos matrimoniales, el art. 770 de la LEC, en su regla 7ª establece*: Las partes de común acuerdo podrán solicitar la suspensión del proceso de conformidad con lo previsto en el art. 19.4 de esta ley, para someterse a mediación", en relación a juicios contenciosos. Posibilidad que también es otorgada tratándose de un procedimiento de mutuo acuerdo, en tal sentido el art. 777 dispone: "2. Al escrito por el que se promueva el procedimiento deberá acompañarse la certificación de la inscripción del matrimonio y, en su caso, las de inscripción de nacimiento de los hijos en el Registro Civil, así como la propuesta de convenio regulador conforme a lo establecido en la legislación civil y el documento o documentos en que el cónyuge o cónyuges funden su derecho, incluyendo, en su caso, el acuerdo final alcanzado en el procedimiento de mediación familiar. Si algún hecho relevante no pudiera ser probado por documentos, en el mismo escrito se propondrá la prueba de que los cónyuges quieran valerse para acreditarlo.*

Por último, en lo que se refiere a la mediación en el arbitraje, al no existir expresa mención en la LM, debemos acudir al art. 36 (laudo por acuerdo de las partes) de la ley de arbitraje 60/2003 de 23 de diciembre, que señala *1 Si durante las actuaciones arbitrales las partes llegan a un acuerdo que ponga fin total o parcialmente a la controversia, los árbitros darán por terminadas las actuaciones con respecto a los puntos acordados y, si ambas partes lo solicitan y los árbitros no aprecian motivos para oponerse, harán constar ese acuerdo en forma de laudo en los término convenidos por las partes. 2. El laudo se dictará con arreglo a lo dispuesto en el artículo siguiente y tendrá la misma eficacia que cualquier otro laudo dictado sobre el fondo del litigio.* Por consiguiente, será, al igual que en el procedimiento judicial, el árbitro designado quien homologará el acuerdo logrado dándole forma de laudo.

3.   Acuerdo de mediación no elevado a escritura pública

Al carecer del requisito marcado en la ley de la elevación a escritura pública no cabe su automática ejecución, ya que no tendría fuerza ejecutiva *per se*. En este caso el acuerdo de mediación tendrá la fuerza otorgada por las partes según la capacidad de ellas para obligarse y por tanto contará con la plena vigencia de lo establecido en el art. 1256 CC: *La validez y el cumplimiento de los contratos no pueden dejarse al arbitrio de uno de los contratantes*. Igualmente, el art. 1091 del Código civil que refiere que *Las obligaciones que nacen de los contratos tienen fuerza de ley entre las partes contratantes, y deben cumplirse al tenor de los mismos*[81]. Es decir, que se deberá recurrir al procedimiento judicial correspondiente, como si de un contrato se tratara, al ser fuente de obligación entre las partes firmantes.

Ahora bien, debemos aclarar que el hecho que un acuerdo de mediación no se haga constar en escritura pública puede tener su origen en diversos motivos, que no siempre deben ser problemáticos. Puede ser que las partes no lo consideren necesario toda vez que el acuerdo satisfaga por sí mismo al poner fin al litigio creado al no existir una disputa de alto contenido jurídico, por ejemplo, pequeñas disputas vecinales por el uso de espacios comunes. También puede suceder que alguno de los firmantes no esté de acuerdo y los otros sí, o bien que sea el notario quien no lo autorice.

Asimismo, debemos recordar que el acuerdo es tomado como un contrato, entendido como una relación jurídica de la que surgen obligaciones (artículo 23 LM). Así las cosas, la parte agraviada habrá de incoar un proceso declarativo en que la pretensión consista en la solicitud del cumplimiento de aquella

---

81.   En efecto, si dicho acuerdo es válido en derecho en virtud del art. 1255 del Código Civil que consagra los límites a la libertad contractual: la ley, la oral y el orden público, y, por tanto, se convierte en ley para los contratantes de conformidad con unos de los principios que integran nuestro ordenamiento jurídico, *pacta sunt servanda*.

prestación contenida en el acuerdo de mediación y no en la relación jurídica subyacente. Ello es debido a que, a la hora de impugnar, lo convenido en la mediación prevalece sobre la relación jurídica por la que se ha mediado y transigido.[82]En efecto, la parte interesada en que se lleve a cabo lo pactado deberá iniciar el pertinente proceso jurisdiccional a fin de que el tribunal obligue a la contraparte a cumplir lo estipulado, que si es favorable al actor constituirá título ejecutivo, de conformidad con el art. 517.2 de la Ley de Enjuiciamiento Civil.

Por otra parte, si el incumplimiento de una de las partes al pacto alcanzado, fuera debido a que desde su perspectiva no es válido, siempre puede acudir al proceso teniendo en cuenta la acción que le es propia para impugnar la validez de los contratos, a saber: la acción de nulidad. Las causas de esta acción nos las encontramos en los artículos 1261 y 1300 CC, que son las correspondientes a los elementos esenciales:

Por ejemplo, excesos en los límites de la autonomía de la voluntad en la formación del acuerdo de mediación. Dada la premisa de que el objeto y el acuerdo sólo podrán tener carácter disponible, es coherente pensar que esta extralimitación, así como las referentes a la violación de cualquier norma imperativa que pudiera ser de aplicación en el caso, sean razón para la nulidad del contrato, al menos la de aquella cláusula infractora.

También, falta de objeto cierto dentro del acuerdo alcanzado. En este sentido, hemos de atender al artículo 23 LM y al contenido mínimo que exige en la formalización del acuerdo, en concreto, a aquel que se refiere a las obligaciones establecidas por las partes. También hemos de tener en cuenta que dichas obligaciones pactadas sean lícitas para que puedan considerarse válidas.

Por último, inexistencia o ilicitud de la causa del acuerdo. En este caso, las condiciones para cumplir este requisito de validez se establecen en el artículo 1275 CC, y a él deberemos

---

82.   Ver GISBERT POMARA, M., *El contrato de mediación y el acuerdo de mediación civil y mercantil*, Thomson-Civitas, Pamplona, 2014, pág. 243.

atender. Así, con pactar un acuerdo de mediación con el fin de dañar a terceros sería contrario a lo dictado por la anterior disposición.

Así, las consecuencias que acarrea la resolución favorable ante una pretensión de nulidad son la finalización de la vinculación determinada tras el acuerdo de mediación, la restitución de aquellas prestaciones otorgadas en el desarrollo del periodo de cumplimiento; cabe la posibilidad de que haya una nulidad parcial sí solo uno de los elementos estaba afectado.

Como puede apreciarse, la LM no aporta datos nuevos al tema, solamente la obligación del mediador del deber de informar a las partes *el carácter vinculante del acuerdo alcanzado* (art. 23.3.II).

Finalmente, como se ha visto anteriormente, al notario la LM le otorgó una misión de control, y esa actuación podría llegar a considerar que el acuerdo de mediación no debe ser elevado a escritura pública por entender contrario a Derecho o que a su juicio no reúne los requisitos necesarios fijados en la normativa. En efecto, la tarea del notario va más allá de la mera comprobación de la identidad de las personas que quieren elevar un negocio jurídico a documento público. Debe examinar y velar que el acto jurídico que se desea documentar en escritura pública es conforme al ordenamiento jurídico y, por extensión, conforme a la norma específica que rige el mismo.

En concreto, debe *velar por la regularidad no solo formal, sino material de los actos o negocios jurídicos,* que autorice o en los que intervenga (artículo 24 de la Ley Orgánica del Notariado); y *dar fe de la identidad de los otorgantes, de que a su juicio tienen capacidad y legitimación, de que el consentimiento ha sido libremente prestado y de que el otorgamiento se adecua a la legalidad y a la voluntad debidamente informada de los otorgantes o intervinientes* (artículo 17 bis 2.a) de la Ley del Notariado).

Pero hay más, según señala Sigüenza López, además de la comprobación de lo dicho anteriormente, el notario debe determinar si el acuerdo logrado reúne los requisitos de la propia Ley de Mediación 5/2012, esto es: *que versa sobre una materia no excluida de su ámbito de aplicación; que resulta aplicable a los contratantes; que, dentro de la flexibilidad que le es propia, se ha desarrollado conforme al procedimiento dispuesto en la ley; que quien ha intermediado entre las partes tiene las cualidades necesarias para actuar de mediador,* etc.[83].

Ahora cabe preguntarnos ¿qué pasaría si las partes no están de acuerdo con la decisión del notario de elevar el acuerdo a escritura pública? Nuestra regulación no contempla ningún mecanismo de impugnación para este caso concreto. Las partes siempre podrían acudir a otro notario que mantuviese un criterio diferente, cosa menos probable. No obstante ello, siempre se puede presentar un recurso ante la Dirección General del Registros y Notariado, o bien ante los juzgados civiles para que se decida si procede o no otorgar el referido documento público.

Finalmente, a manera de conclusión de este apartado quisiera terminar con una consideración con propósito de *lege ferenda* ¿cómo podemos que las partes involucradas en una controversia acudan a la mediación si existe el riesgo que el acuerdo no se cumpla? Como hemos visto, en España, el acuerdo deja de tener eficacia ejecutiva *per se*, para lograrlo las partes de común acuerdo deberán elevarlo a escritura pública y así el documento se convierte en título ejecutivo. Ante la negativa de una de las partes se pasaría por el ejercicio de la correspondiente acción judicial solicitando el cumplimiento de lo pactado, justamente lo que querían evitar al acudir a la mediación: la vía judicial. ¿Esta era la única solución que podía tomar nuestro legislador?, ciertamente no. Podría haberse establecido el reconocimiento de la fuerza ejecutiva al acuerdo de mediación como lo tenía previsto el Proyecto de Ley de 2011, adjuntándose copia de las actas de las sesiones constitutiva y final del procedimiento de mediación, o bien, disponer que una de las partes fuese al notario con las citadas copias y acompañada del mediador, para que éste, bajo su responsabilidad ratificase la

---

83.   Sigüenza López, J., *Mediación extrajudicial y proceso civil*, Thomson Reuters-Aranzadi, Pamplona, 2018, p. 125.

autenticidad de lo convenido ya que nuestra ley otorga mucho relieve a esta tercera persona mediador. Solución que, conforme a la Ley 69/2013, Italia ha dado ese paso más, ya que se autoriza a una de las partes sin el consentimiento explícito de la otra a solicitar que se dé carácter ejecutivo al contenido del acuerdo.

II. EL PACTO DE SOMETIMIENTO A MEDIACIÓN

Entramos en el análisis del valor y consecuencias jurídicas que tiene la obligación adquirida por las partes de acudir a la mediación como, postulado previo a ir a los tribunales de justicia para dirimir sus conflictos. Nos referimos a dos temas que no han dejado ser conflictivos dentro de la doctrina: la excepción declinatoria y la excepción de transacción/mediación. En efecto, de conformidad con todo lo que venimos manteniendo hasta el momento y que más tarde ampliaremos al referirnos a nuestra postura sobre la obligatoriedad de la mediación, la gran mayoría de la doctrina y de los miembros de nuestros tribunales consideran recomendable que la mediación sea un paso previo al procedimiento judicial, e incluso arbitral. Estamos haciendo alusión a la incorporación de cláusulas de mediación (*mediation clauses*) en los contratos y en particular, de cláusulas escalonadas (*multi-step dispute resolution clauses*). Incorporada a un contrato o constituidas en un acuerdo independiente, ello implicaría que las partes se someterán a una mediación, y en el caso de no llegarse a una solución en la controversia, se deja la puerta abierta para acudir a los tribunales de justicia, o incluso a un arbitraje. Esta cláusula comporta cierta limitación, no poder acudir al proceso judicial o arbitral mientras se esté intentando llegar a una solución mediada.

Con este pacto o cláusula de mediación las partes expresan por primera vez su voluntad previa y genérica de intentar la mediación ante un posible conflicto entre ellas, por ello, esta manifestación de voluntad es diferente a la de comenzar el procedimiento de mediación ante un conflicto concreto que se ha producido.

Como veremos a continuación el pacto o cláusula de mediación se hará constar por escrito, siguiendo, por supuesto, los requisitos de incorporación que vengan establecidos en la legislación específica, en nuestro caso, si se establece como una condición general del contrato habrá que estar a lo que dispone el art. 5 de la Ley 7/1998, de 13 de abril, de condiciones generales de la contratación. Su establecimiento suele ser una constante en el ámbito del comercio internacional, optándose por el modelo de cláusula escalonada. Sin embargo, algún autor sostiene que su inclusión responde más a una mera estrategia contractual toda vez que mencionarla contribuye a suavizar el tono vinculante y conflicto de las partes, pero que en realidad no hay verdadera eficacia jurídica, las partes negociarán si realmente tienen interés de negociar y no porque esté establecida una cláusula de mediación. Así lo sostienen Mcilwrath y Savage, al afirmar que: *si los empresarios de alto nivel desean entablar negociaciones antes de proceder a métodos más formales de resolución de conflictos, lo harán sin verse obligados por un requisito de negociación en su contrato. Del mismo modo, si los altos directivos empresariales no desean negociar, simplemente ignorarán la existencia de la cláusula y pasarán al siguiente paso de la resolución formal de conflictos. En cambio, las cláusulas que obligan a las partes a negociar pueden agravar el litigio al crear difíciles cuestiones preliminares sobre si el requisito es vinculante y, en su caso afirmativo, si se ha cumplido*[84].

1. Excepción declinatoria

Según el art. 10.2 de la LM se establece que *Durante el tiempo en que se desarrolle la mediación las partes no podrán ejercitar contra las otras partes ninguna acción judicial o extrajudicial en relación con su objeto, con excepción de la soli-*

---

84. Mcilwrath, M. y Savage, J., *International Arbitration and Mediation: A Practical Guide*, Kluwer Law International, 2010, pág. 77).

*citud de medidas cautelares u otras medidas urgentes impres-
cindibles para evitarla pérdida irreversible de bienes y derecho.*
*El compromiso de sometimiento a mediación y la iniciación
de ésta impide a los tribunales conocer de las controversias
sometidas a mediación durante el tiempo en que se desarrolle
ésta, siempre que la parte a quien interese lo invoque mediante
declinatoria. Y el art. 6.2 menciona: 2. Cuando exista un pacto
por escrito que exprese el compromiso de someter a mediación
las controversias surgidas o que puedan surgir, se deberá intentar el procedimiento pactado de buena fe, antes de acudir a
la jurisdicción o a otra solución extrajudicial. Dicha cláusula
surtirá estos efectos incluso cuando la controversia verse sobre
la validez o existencia del contrato en que conste.*

Como vemos, dicho pacto obliga a las partes firmantes de la
mediación y sobre aquellas materias que hayan sido expresamente previstas en aquél, salvo, a nuestro entender, que las
partes lo extiendan a otras materias.

Asimismo, habría que puntualizar que incluir esta excepción bajo la noción de la declinatoria de jurisdicción no parece
muy oportuna, ya que la mediación no es ninguna jurisdicción
distinta, o, mejor dicho, no constituye otro orden jurisdiccional.
Por otra parte, dicha declinatoria no podrá ser apreciada de
oficio, ya que en los arts. 36 y 37 de la LEC no se prevé el sometimiento a mediación como presupuesto legal.

En efecto, la declinatoria procesalmente hablando se presenta como un instrumento a través del cual el demandado o
uno de los que puedan ser parte legítima en el juicio promovido podrán denunciar la falta de jurisdicción del tribunal ante el
que se ha interpuesto la demanda, por corresponder el conocimiento de ésta a tribunales extranjeros, a órganos de otro orden jurisdiccional, árbitros o a mediadores. También se utiliza-
rá para denunciar la falta de competencia, sea esta objetiva,
funcional o territorial. Si lo analizamos bien resulta complicado
hacerle un hueco adecuado en lo que se acaba de indicar para
el caso de la mediación, a pesar de estar contemplado en el

artículo 63 de la LEC[85] de manera formal, materialmente podemos decir que no lo está, ya que, en realidad, cuando se formula declinatoria por sumisión a mediación no es que el juez no tenga jurisdicción, sino que concurre un impedimento de procedibilidad. El órgano jurisdiccional no deja de tener jurisdicción, sino que deviene impedido para actuar. En sentido negativo, no hay falta o déficit de jurisdicción, sino que, en sentido positivo, hay un impedimento procedimental. En definitiva, el ejercicio de la declinatoria a lo sumo retrasa la jurisdicción, sin, en ningún caso, excluirla.

Así pues, por un lado, el mediador, como sabemos no es un órgano jurisdiccional al que se le ha otorgado funciones de tal naturaleza. Y, por otro lado, el juez donde se ha presentado la demanda puede que sea el competente para conocer en el asunto, pero le está vedado tal actuación toda vez que la existencia de una sumisión a mediación le impide proceder a iniciar el proceso. Como dice Bonet Navarro, *"lo cierto es que en este sentido la ley confunde la falta de competencia, que se debería de predicar sólo de los tribunales y de árbitros, con un óbice a la procedibilidad del asunto debido a que no se cumple un requisito para poder admitir la demanda"*[86].

Por consiguiente, no obstante ser una vía de resolución extrajudicial, el arbitraje está oportunamente asimilado al proceso judicial al tener el árbitro una función decisoria dentro de su procedimiento, cuya resolución se hace necesaria para la finalización de este, el cual tiene que tratar de todos los asuntos que a él se ha rogado, teniendo como efecto la cosa juzgada. Por todo ello, la jurisprudencia constitucional lo ha califica-

---

85.   Artículo 63.1: *Mediante la declinatoria, el demandado y los que puedan ser parte legítima en el juicio promovido podrán denunciar la falta de jurisdicción del tribunal ante el que ha interpuesto la demanda, por corresponder el conocimiento de ésta a tribunales extranjeros, a órganos de otro orden jurisdiccional, a árbitros o a mediadores.*

86.   Bonet Navarro, A.; Calatayud Sierra, A.; Herrero Perezagua, Juan F.; López Sánchez, J. *Proceso civil y mediación. Su análisis en la Ley 5/2012, de mediación en asuntos civiles y mercantiles.* Aranzadi, Navarra, 2013, pág. 37.

do como un equivalente jurisdiccional[87]. Sin embargo, no resulta adecuada la asimilación que realiza la ley entre el arbitraje y la mediación si tomamos como referencia el tratamiento procesal de la sumisión de cada vía de resolución. Mientras que una es heterocompositiva y se acerca en muchos aspectos al propio de los órganos jurisdiccionales, la otra opción autocompositiva presenta sus propias características y dista más del arbitraje y la vía judicial. Así, entender la sumisión a la mediación como un óbice de procedibilidad, es decir, aquellos supuestos en los que un requisito formal impide la prosperidad del comienzo del proceso, como puede ser la falta de documentación o la falta de pago de la tasa judicial, resulta más correcto. La sumisión a la mediación supondría una negativa del juez a abrir el asunto, pero nunca se excluiría como modo de vía de resolución, esto es, no podría entenderse que la mediación le quitó la competencia al juez natural.

Y que ocurre si a pesar de ello se inician actuaciones judiciales. Siguiendo el análisis de Sánchez Martín, "*puede ocurrir que el objeto del procedimiento iniciado judicialmente no coincida exactamente con el objeto sometido a mediación, como sucedería de haberse acumulado nuevas acciones en el procedimiento judicial no contempladas en el pacto de mediación. En tal caso, de prosperar la declinatoria tan solo debiera afectar a aquellas cuestiones que, según lo pactado, debieran ser objeto del procedimiento de mediación, pero no al resto, pues*

---

87.   Ver STC 23/11/1995 Tol 82.911 que afirma que: "*Es, por tanto, el arbitraje un medio para la solución de conflictos basado en la autonomía de la voluntad de las partes, como declaramos en nuestra STC 43/1988, y supone una renuncia a la jurisdicción estatal por la del árbitro o árbitros. En ese sentido, tal y como ya hemos reiterado en varias ocasiones, el arbitraje se considera "un equivalente jurisdiccional, mediante el cual las partes pueden obtener los mismos objetivos que con la jurisdicción civil (esto es, la obtención de una decisión que ponga fin al conflicto con todos los efectos de la cosa juzgada)" (SSTC 15/1989, fundamento jurídico 9., y 62/1991, fundamento jurídico 5.). Desde este punto de vista tiene razón el Abogado del Estado cuando afirma que la institución arbitral es compatible con la Constitución*".

no existe acuerdo de voluntades respecto a las otras materias, y no cabría una interpretación extensiva del pacto".[88]

Ello concuerda con las normas de interpretativas de los contratos que nos marcan que hay que estar a lo realmente querido por las partes y no buscar o querer, si no hay una base cierta para ello, que se incorporen a la mediación temas que no se han previsto en el acuerdo inicial firmado. Sobre las no prevista, cabría un sobreseimiento parcial.

Ahora bien, a la hora de plantearse el recurso a la declinatoria, la parte actora debería pensar si ello no resultaría inútil que llevaría una pérdida de tiempo y retrasos a la hora de solucionar definitivamente el conflicto creado, ya que nadie está obligado a pactar, por lo que habría una obligación de acudir a la mediación, pero nunca llegar a un acuerdo final. Y si es cierto, en favor de la regulación de la LM, podríamos decir que se adecuaría mejor a una excepción procesal ya que se evitaría la contestación de la demanda por parte del demandado, lo que supone un ahorro de costes.

Asimismo, no sólo tendríamos la excepción procesal como cauce para hacer valer una cláusula de sumisión, también podría pensarse en un recurso de reposición para estos casos, cuya finalidad es permitir la modificación de las resoluciones adoptadas en la sustanciación del proceso que no sean conformes a lo establecido en la disposiciones positivas que regulan el procedimiento o que habiendo sido dictadas en el ejercicio de una facultad atribuida al órgano judicial con cierto carácter discrecional, produzcan un perjuicio a cualquiera de los litigantes.

Según el art. 64 de la LEC hay que proponerla en el plazo de los primeros 10 días para contestar la demanda, y los efectos que produce vienen contemplados en el art. 4 de la LM, que dice:

---

88.   SÁNCHEZ MARTÍN, P., op. cit. pág.12.

La solicitud de inicio de la mediación conforme al artículo 16 suspenderá la prescripción o la caducidad de acciones desde la fecha en la que conste la recepción de dicha solicitud por el mediador, o el depósito ante la institución de mediación en su caso.

Si en el plazo de quince días naturales a contar desde la recepción de la solicitud de inicio de la mediación no se firmara el acta de la sesión constitutiva prevista en el artículo 19, se reanudará el cómputo de los plazos.

La suspensión se prolongará hasta la fecha de la firma del acuerdo de mediación o, en su defecto, la firma del acta final, o cuando se produzca la terminación de la medicación por alguna de las causas previstas en esta ley.

Finalmente, Santos Vijande cuestiona la validez del recurso a la declinatoria del art. 10.2 LM *no sólo por su incoherencia teórica, sino también desde una perspectiva eminentemente práctica, que el legislador jamás debe olvidar: la que atiende al examen de los posibles comportamientos patológicos del afectado por la ley. Expresado de otra manera: la ley no debe arbitrar mecanismos procesales que faciliten o propicien el fraude procesal, el éxito en el proceso de quien actúe con mala fe y, más en concreto, con fines dilatorios...* Y continúa afirmando que *para sostener que el tratamiento procesal menos perturbador y más coherente con la voluntariedad de la mediación, tal y como ha sido configurada por el legislador —sin los incentivos ni las sanciones sugeridas, como posibilidad, por la Directiva—, hubiera sido, lisa y llanamente, entender que la mera presentación de la demanda constituye un acto de desistimiento de la mediación*, y además, prosigue señalando, en relación con el coste de la mediación, *que resulte equitativo su reparto por igual, como establece el art. 15.1 LM, si la mediación se frustrare por un comportamiento desleal o contrario a la buena fe de una de las partes: una excelente forma de atribuir virtualidad práctica al tan proclamado deber de intentar la mediación y de actuar en ella con lealtad y buena fe hubiera sido fijar un reparto distinto de los costes de la mediación en caso de infracción patente de esos deberes legales: hubiera bastado prever una aportación suplementaria en la inicial provisión de fondos a que alude el art. 15.2, cuyo destino ordinario sería la devolución a las partes, pero que, en su caso, el infractor pudiera perder en beneficio de quien actúa con la probidad legalmente deseada —éste vería disminuida su aportación a los costes de la mediación en la misma cantidad con que se "sancionase" el comportamiento desleal de la otra parte*[89].

Como se puede percibir de todo lo dicho hasta aquí el legislador nacional ha descartado regular el cumplimiento de la cláusula de mediación como un requisito de procedibilidad, apreciable de oficio. Asimismo, vinculada a una actuación contraria al principio de buena fe y sus posibles efectos, el artículo 17.1 en su última parte establece: *La información de qué parte o partes no asistieron a la sesión no será confidencial.* Creemos que tal actitud de falta de colaboración podría ser alegada en un posterior juicio, pudiendo ser indemnizada de los gastos de este, la parte cumplidora o que el propio juez lo tenga en cuenta a la hora de una eventual condena en costas, de conformidad con los previsto en los artículos 394.2 y 3 y 395.1 de la Ley de Enjuiciamiento Civil.

Finalmente, como señala Ginebra Molins, *en caso de incumplimiento de la obligación de mediar, teniendo en cuenta los principios que rigen la mediación, no es posible plantear la ejecución forzosa de la cláusula de mediación, a modo de cumplimiento específico. Entonces, la cuestión que se suscita es si,…este incumplimiento es susceptible de generar daños indemnizables. La verdad es que ello resulta difícil de sostener, y más aún de cuantificar, por mucho que pudiera hablarse en abstracto de daños derivados de la pérdida de oportunidad de beneficiarse de las ventajas que ofrece la mediación*[90].

---

89.   Ver Santos Vijande, J.Mª., op.cit., pág.14.
90.   Ginebra Molins, M.E., y Tarabal Bosch, J., "La obligatoriedad de la mediación derivada de la voluntad de las partes: las cláusulas de Mediación", *Revista para el análisis del derecho InDret,* vol. 4, Barcelona, 2013, pág. 25.

Otra cosa diferente sería, como dice la autora citada, si las partes establecieron una cláusula penal para el caso que alguna no cumpla lo pactado, obligando a la parte incumplidora, por ejemplo, pagar gastos de abogado y procurador generado a la otra. Sería una medida disuasoria y creo que un buen complemento para se haya tomando conciencia de las bondades que ofrece la mediación como método alternativo para solucionar conflictos.

2. Excepción de transacción/mediación

Que ocurre cuando se interpone un procedimiento judicial y ya ha existido una mediación previa, estamos ante un supuesto de cosa juzgada. La Ley de Mediación no contempla ni regula la excepción de mediación.

Pero, ahora bien, el art. 1816 del CC establece que: *La transacción tiene para las partes la autoridad de la cosa juzgada; pero no procederá la vía de apremio sino tratándose del cumplimiento de la transacción judicial.*

Según el profesor Gullón Ballesteros, *La composición de la controversia por la transacción impide que pueda ser llevada posteriormente al examen de un tercero para que decida sobre ella,* y continúa afirmando que de lo contrario daría lugar *al nacimiento de una excepción de transacción "la exceptio litis per transactionem finitae", oponible cuando alguna de las partes de la transacción intente plantear a la autoridad judicial o arbitral la controversia que aquella resolvió. Se trata de excepción paralela a la excepción de cosa juzgada material y sujeta por ello a los mismos límites subjetivos de aquella*[91].

Llegados a este punto, habría que preguntarse si estamos ante una excepción de naturaleza procesal o material, diferencia importante de determinar toda vez que, la excepción de carácter procesal impediría la continuación del procedimiento,

---

91.   Ver GULLÓN BALLESTEROS, A., *La transacción,* Instituto nacional de estudios jurídicos, Madrid, 1964, pág. 139.

sin pronunciamiento sobre el fondo, sin embargo, las excepciones materiales, llevan al dictado de una sentencia desestimatoria sobre el fondo del asunto, por lo que el procedimiento se tramita de manera íntegra. Es decir, siguiendo a López de Argumedo, la diferencia entre una y otra clase de excepciones no es baladí: las excepciones procesales tienen la virtualidad propia de un óbice procesal e impiden, caso de ser estimadas, la válida prosecución del procedimiento, que terminará mediante auto de sobreseimiento sin pronunciamiento sobre el fondo inmediatamente después de la audiencia previa (artículo 421.1 de la LEC). La transacción judicial goza por tanto de virtualidad idéntica a la de la cosa juzgada material, al vincular al órgano jurisdiccional tanto en el aspecto negativo —ahora examinado— de impedir una nueva decisión sobre el fondo, como en el positivo de condicionar la decisión a lo convenido en la transacción. Por su parte, la naturaleza material de la transacción extrajudicial determina que ésta tendrá la consideración de un hecho nuevo cuya alegación por el demandado se endereza a que se dicte una sentencia absolutoria sobre el fondo, por lo que no impedirá que el proceso se tramite de forma íntegra[92].

Por consiguiente, aplicado el sistema al ámbito del acuerdo de mediación supondría que sólo el acuerdo de mediación homologado judicialmente podría hacerse valer por medio de una excepción procesal. En consecuencia, cualquier otro acuerdo de mediación —incluyendo aquél configurado como título ejecutivo mediante su elevación a público— sería únicamente oponible como excepción material, por lo que no impediría la tramitación completa del proceso hasta su finalización mediante sentencia sobre el fondo.[93]

Sin embargo, si la intención o espíritu de la Ley de mediación es la de otorgar firmeza o fortaleza al instituto de la mediación, no reconocerle el carácter de naturaleza procesal a

---

92.   Ver LÓPEZ DE ARGUMEDO, A., op.cit.
93.   En esta línea PARDO IRANZO, V., op. cit., pág. 134.

esta excepción y solo material, debilitaría su eficacia alternativa y supondría obligar al demandado a pleitear hasta el final del procedimiento declarativo para intentar obtener el mismo resultado que el conseguido en el acuerdo de mediación. Hubiese sido loable, a nuestro entender, que se hubiese regulado en la LM la excepción otorgándole una naturaleza procesal.

III. EJECUCIÓN DE ACUERDO TRANSFRONTERIZO

En el contexto social, económico, político y por su puesto jurídico, de un mundo globalizado, el Derecho Privado cada vez va adquiriendo más importancia dentro del ámbito nacional e internacional. En este panorama, la mediación también debe ser tenida muy en cuenta a la hora de poder ejecutar sus acuerdos más allá de las fronteras donde han tenido lugar, e incluso la efectiva aplicabilidad de acuerdos foráneos en nuestro territorio nacional. Por ello, la regulación de los conflictos transfronterizos en la mediación también ha tenido cabida en nuestra Ley de Mediación de Asuntos Civiles y Mercantiles. Y ello nos viene de la mano de la citada Directiva 2008/52/CE en la que se insiste que la mediación no puede ser una ADR de segunda clase, teniendo que dotar a sus acuerdos de gran eficacia, por muy voluntario que pueda llegar a ser tanto el procedimiento como el cumplimiento de su avenencia[94]

La Ley de mediación nos define en su artículo 3 qué debemos entender por acuerdo transfronterizo al señalar:

"1. Un conflicto es transfronterizo cuando al menos una de las partes está domiciliada o reside habitualmente en un Estado distinto a aquél en que cualquiera de las otras partes a las que afecta estén domiciliadas cuando acuerden hacer uso de la mediación o sea obligatorio acudir a la misma de acuerdo con

---

94. Ver Díez Riaza, S.; Gisbert Pomara, M., *El contrato de mediación y el acuerdo de mediación civil y mercantil*, Thomson-Civitas, Pamplona 2014, pág. 284.

la ley que resulte aplicable. También tendrán esta considera-
ción los conflictos previstos o resueltos por acuerdo de media-
ción, cualquiera que sea el lugar en el que se haya realizado,
cuando, como consecuencia del traslado del domicilio de algu-
na de las partes, el pacto o algunas de sus consecuencias se
pretendan ejecutar en el territorio de un Estado distinto.
    2. En los litigios transfronterizos entre partes que residen en
distintos Estados miembros de la Unión Europea, el domicilio
se determinará de conformidad con los artículos 59 y 60 del
Reglamento (CE) nº 44/2001 del Consejo, de 22 de diciembre
de 2000, relativo a la competencia judicial, el reconocimiento
y la ejecución de resoluciones judiciales en materia civil y mer-
cantil".

    Asimismo, el art. 27.3 establece que: *"El documento no po-*
drá ser ejecutado cuando resulte manifiestamente contrario al
orden público español". Circunstancia lógica, que se complementa con el hecho que, si el acuerdo no ha sido declarado
ejecutable previamente, por una autoridad extranjera, solo lo
será en España, una vez que haya sido elevado a escritura pública (art. 27.2). En esta línea se expresa Díaz Lamoneda, cuando señala una primera barrera para su aplicación al decir que,
la condición excluyente que señala el artículo 27.3 LMed en el
que se indica que no será ejecutado aquel acuerdo contra el
orden público español. Este es un concepto jurídico indetermi-
nado y amplio que se refiere a veces al concepto de seguridad,
otras al propio concepto de orden, o incluso a la protección
sanitaria. El artículo 12.3 CC indica que no se aplicará la ley
extranjera cuando resulte contraria al orden público. De esto
modo, podríamos decir que incluye aquellas normas de interés
público que no pueden ser derogadas por las partes y por ello
escapan a su libre disposición. Existe un interés general de la
sociedad y del Estado que supedita el interés particular o limita
la autonomía de las partes porque protege ciertas instituciones
que tienen una elevada importancia para el mantenimiento de

la seguridad jurídica que promueve un determinado ordena-miento[95].

Finalmente, a diferencia de lo establecido en el art.25 de la LM, donde se despende que el acuerdo extrajudicial a nivel nacional requiere la comparecencia de ambas partes ante notario, circunstancia de la que hemos hecho ya alusión y discrepamos, tratándose de un acuerdo transfronterizo se permite que la solicitud de ejecutividad sea requerida por una sola de las partes, con el consentimiento de la otra; quizás el origen de la diferenciación esté en el alejamiento de los firmantes del acuerdo.

Tratándose de acuerdos que deben ser ejecutados fuera del territorio español, el citado art. 25.3 de la LM, el cual exige tanto la elevación de dicho acuerdo a escritura pública como el cumplimiento de los requisitos propios del otro país. Sobre esto, resulta curioso cómo España pretende establecer los requisitos que han de cumplirse en un diferente ordenamiento jurídico. Para mayor concreción, podemos abarcar para este apartado dos categorías:

— Los acuerdos que deben ejecutarse en otro Estado miembro, a lo que habrá de atender a la normativa comunitaria para conocer cuáles son los requisitos de tener un acuerdo ejecutable.
— Los acuerdos que deban ejecutarse fuera de la Unión Europea. Puesto que será de interés que otros Estados extracomunitarios puedan ejecutar acuerdos adoptados en España, es necesario para este supuesto que atendamos al régimen convencional en materia de reconocimiento y ejecución de resoluciones extranjeras con el país correspondiente[96], de acuerdo al principio de cooperación jurídica internacional que marca el artículo 523

---

95. Ver DÍAZ LAMONEDA, F., y otros, *Ley 5/2012 de 6 de julio. Comentarios a la ley de mediación en asuntos civiles y mercantiles*, ePraxia, Sevilla, 2013, pág. 181.

96. DÍAZ LAMONEDA, F., y Otros, op.cit., pág 180.

LEC143. Si no hay ningún tratado internacional ni texto convencional, tendremos que recurrir a la norma interna del país en cuestión.

CAPÍTULO TERCERO

EJECUCIÓN DEL ACUERDO DE MEDIACIÓN

I. ÓRGANO COMPETENTE: COMPETENCIA TERRITORIAL Y FUNCIONAL

En la ejecución de una resolución judicial, de conformidad con la Ley de Enjuiciamiento Civil, para establecer el órgano competente, se guía por el criterio funcional, por lo que será competente para dictar el auto que contenga la orden general de ejecución y despacho de la misma el Tribunal que conoció del asunto en primera instancia o en el que se homologó o aprobó la transacción el acuerdo (art. 545.1 y concordante con el 61). Tratándose de un acuerdo de mediación, es el artículo 26 de la LM, el que establece el tribunal competente para conocer en la ejecución del citado acuerdo. Al respecto señala:

La ejecución de los acuerdos resultado de una mediación iniciada estando en curso un proceso se instará ante el tribunal que homologó el acuerdo.

Si se tratase de acuerdos formalizados tras un procedimiento de mediación será competente el juzgado de primera instancia del lugar en que se hubiera firmado el acuerdo de mediación, de acuerdo con lo previsto en el apartado 2 del artículo 545 de la Ley de Enjuiciamiento Civil.

De texto normativo se desprende, en primer lugar, que estamos ante un precepto de competencia objetiva y con carácter imperativo que otorga la competencia a los Juzgados de Primera Instancia, sin tener en cuenta del monto y la materia objeto de la mediación[97]. En segundo término, la LM vuelve a distinguir si el acuerdo se alcanzó intra o extrajudicialmente. Si estamos ante un acuerdo de mediación extraprocesal, éstos deberán ser ejecutados ante el juzgado de primera instancia en que se firmó. El precepto legal establece concretamente "*por el lugar en que se hubiera firmado el acuerdo*", sin hacerse referencia alguna al sitio donde se eleve a público el acuerdo, ni al lugar donde se haya firmado el acta final del acuerdo de mediación, que pueden no coincidir con el lugar donde se firmó el acuerdo. Además, el art. 23.1 LM, en su apartado 2, exige que el acuerdo deberá firmarse por las partes o por sus representantes, es decir, obliga a establecer el lugar donde se suscribe[98].

---

97. En esta dirección y en relación a la competencia objetiva la Audiencia Provincial de Santander en el año 2012 establecía que: "*del tenor de la Ley 5/2012, de 6 de julio, sobre mediación en asuntos civiles y mercantiles, se sigue que el dato de que se ventilen cuestiones mercantiles o civiles no es el criterio definitivo o único para afirmar la competencia del Juzgado de lo mercantil, ni en fase declarativa ni en fase de ejecución forzosa. Pues en vía declarativa la Ley de Arbitraje atribuye competencia para dirimir cuestiones —tanto civiles como mercantiles— a los Juzgados de Primera Instancia; y en vía de ejecución forzosa,* tanto los laudos de los árbitros (todos, sin distinción la materia civil o mercantil), como los acuerdos de los tribunales de mediación (civiles o mercantiles), sin distinción alguna («donde la ley no distingue, no debemos distinguir»), han de ser ejecutados por el Juzgado de primera instancia, como expresamente se indica tanto en la L.O. 11/2011 antes citada, como la reciente *Ley 5/2012* , que redacta el apartado 2 del *art 545 LEC* en los siguientes términos: «2. Cuando el título sea un laudo arbitral o un acuerdo de mediación, será competente para denegar o autorizar la ejecución y el correspondiente despacho el Juzgado de Primera Instancia del lugar en que se haya dictado el laudo o se hubiera firmado el acuerdo de mediación". (SAP Santander 18/09/2012, rec. 478/2012, Tol5.353.900).

98. Analizando dicho precepto, Pardo Iranzo señala que: *Desde nuestro punto de vista estamos ante una «unidad de acto», de manera que el lugar que conste en el acuerdo será el mismo que el de la firma o, en su defecto —si se entiende que no hay unidad de acto— lugar es el que consta en el acuerdo aunque se haya firmado en un lugar diferente. Solo de esta forma hay seguridad ju-*

En relación con los acuerdos intrajudiciales, la LM es parca en explicación y sólo establece que, al estar un proceso judicial en trámite, le corresponde la ejecución de acuerdo de mediación al mismo tribunal que lo homologó. A nuestro entender, esta expresión *"el tribunal que homologó el acuerdo"*, deja abierta la posibilidad que éste se pudiese haber logrado en segunda instancia e incluso en casación. En efecto, la interpretación de dicha norma en concordancia con el art. 545.1 *in fine* de la LEC que aclara que el tribunal competente sería aquél "en que se homologó o aprobó la transacción o acuerdo", por tanto, podemos considerar que el acuerdo de mediación debería ejecutarse por el juzgado ante el cual se alcanzó aquél, sea una audiencia provincial o incluso el tribunal supremo, y no, el de primera instancia y en él no se logró dicho acuerdo[99].

Hasta aquí la poca regulación que hace la LM sobre la ejecución de los acuerdos de mediación, con independencia del art. 27 que se refiere a los acuerdos transfronterizos. Las demás circunstancias que atañen al procedimiento de ejecución serán reguladas por la normativa prevista en el título III del libro III de la Ley de Enjuiciamiento Civil.

II. PLAZOS DE ESPERA Y CADUCIDAD

Para que las partes puedan solicitar y conseguir el despacho de ejecución de su acuerdo de mediación deben observar dos condiciones de carácter temporal: el plazo de espera y el plazo de caducidad.

---

rídica respecto al órgano ejecutor competente; si en el acuerdo consta un lugar y luego el mismo es firmado en un sitio diferente no especificándose esta circunstancia, el juez ejecutor entenderá ser competente siempre que sea el del lugar que consta en el acuerdo" (Pardo Iranzo, V., op. cit., pág. 92).

99.   En este sentido, la profesora Pardo Iranzo refiere que se puede *"considerar que la homologación se produce en sentencia y que, atendiendo a la regla general, ejecuta el órgano que ha homologado (aunque lo haya hecho en una resolución distinta a un auto)"* Pardo Iranzo, V., op. cit. pág. 98.

El plazo de espera o plazo de «cortesía», para proceder a despachar la ejecución viene previsto en el art. 548 LEC que dispone:

No se despachará ejecución de resoluciones procesales o arbitrales o de acuerdos de mediación, dentro de los veinte días posteriores a aquel en que la resolución de condena sea firme, o la resolución de aprobación del convenio o de firma del acuerdo haya sido notificada al ejecutado.

La Ley de Enjuiciamiento Civil fija un mismo plazo de ejecución de los acuerdos de mediación ya sean intrajudiciales o extrajudiciales de veinte días, a partir de que la sentencia sea firme o esté firmado el acuerdo de mediación. No obstante ello, y teniendo en cuenta que la normativa transcripta está diseñada para los supuestos de laudos o sentencias, en un intento de su adaptabilidad a los acuerdos alcanzados a través de la mediación, cabría preguntarse si el citado plazo de espera comienza en el momento de la firma del acuerdo, o por el contrario es el día de su elevación a escritura pública, que es el instante en que se le otorga fuerza ejecutiva al documento. Pensamos que, si el precepto está hablando de resoluciones judiciales firmes, el *diez a quo*, en la mediación extraprocesal, debe ser el de su elevación a público documento, momento en que nace la ejecutividad del acuerdo alcanzado.

Esa misma adecuación de la que venimos hablando nos obliga a aclarar que cuando la norma habla de la notificación al ejecutado de la firma del acuerdo, al estar presente las partes tanto en la firma del acuerdo como en su elevación a escritura pública, hay que entenderlo como el momento de la entrega del acuerdo firmado al que se refiere el art. 23.3 LM. Interpretación que podría encontrar su excepción cuando el acuerdo se eleve a público documento a solicitud de una sola de las partes, como es el caso de un acuerdo transfronterizo y entonces se requiera la correspondiente notificación a la otra (art. 27.2 LM).

Llegados a este punto debemos avocarnos a estudiar el segundo plazo que afecta de lleno a la ejecución del acuerdo de mediación: el plazo establecido por el art. 518 LEC, para poder interponer la demanda ejecutiva, es decir, el plazo de caducidad de la acción. Al respecto se consagra que:

"La acción ejecutiva fundada en sentencia, en resolución del tribunal o del secretario judicial que apruebe una transacción judicial o un acuerdo alcanzado en el proceso, en resolución arbitral o en acuerdo de mediación caducará si no se interpone la correspondiente demanda ejecutiva dentro de los cinco años siguientes a la firmeza de la sentencia o resolución".

Ahora bien, en los acuerdos intrajudiciales el plazo de caducidad comenzar a partir de la firmeza de la resolución que homologa el mismo. En los extraprocesales, debemos mantener nuestra postura en el sentido que será el momento de su elevación a escritura pública el día de inicio del cómputo, siempre y cuando estemos ante una obligación pecuniaria o una prestación única de hacer. En cambio, en las obligaciones de tracto sucesivo u obligaciones futuras, a fin de poder garantizar el principio de tutela judicial efectiva del art. 24 de la Constitución, el plazo de caducidad de la acción ejecutiva deberá computarse desde el momento que se produzca su incumplimiento, lo mismo ocurrirá con las obligaciones de no hacer o negativas, desde el instante en que se produzca la vulneración de la obligación de abstenerse. En este sentido se expresa Martín Pastor, cuando manifiesta que el *die a quo* del plazo de caducidad debería contarse desde el día siguiente que se eleva a escritura pública el acuerdo de mediación, puesto que tal acuerdo tendría eficacia ejecutiva a partir de su otorgamiento y porque se entiende que es el momento equivalente a la homologación judicial pr la mediación intrajudicial. En definitiva, *se puede entender que el legislador no ha sido claro al distinguir según el título ejecutivo sea judicial —auto de homologa-*

ción del acuerdo de mediación— o sea extrajudicial —mediante escritura notarial—[100].

III. REPRESENTACIÓN Y DIRECCIÓN TÉCNICA

En este apartado se nos presenta la duda si es necesario en el proceso de ejecución de acuerdo de mediación la postulación procesal, es decir, que las partes comparezcan representadas por un procurador y defendidas por un abogado a fin de realizar válidamente los actos procesales. Sobre el particular, la respuesta viene de la mano del art. 539.1 de la LEC que establece:

1. El ejecutante y el ejecutado deberán estar dirigidos por letrados y representados por procurador, salvo que se trate de la ejecución de resoluciones dictadas en procesos en que no sea preceptiva la intervención de dichos profesionales.

Para la ejecución derivada de procesos monitorios en que no haya habido oposición, se requerirá la intervención de abogado y procurador siempre que la cantidad por la que se despache ejecución sea superior a 2.000 euros.

Para la ejecución derivada de un acuerdo de mediación o un laudo arbitral se requerirá la intervención de abogado y procurador siempre que la cantidad por la que se despache ejecución sea superior a 2.000 euros.

La respuesta parece a todas luces muy clara, en aquellos procesos cuya cantidad supere los 2.000€, vendrá obligada la presencia de los profesionales referidos anteriormente, asimismo en la vía ejecutiva de procedimientos judiciales en donde la comparecencia de abogado y procurador es imprescindible.

---

100. Ver Martín Pastor, J., «Efectos de la Ley 5/2012 sobre ejecución forzosa», Práctica de tribunales: revista de derecho procesal civil y mercantil, *n° 98-99, 2012, pág. 3.*

IV. LÍMITES CUANTITATIVOS

¿Cuáles son los títulos que se pueden ejecutar? De conformidad con el art. 517 de la LEC, en su apartado segundo, fija hasta nueve títulos ejecutables y el art. 520 viene a establecer un límite cuantitativo para poder despachar ejecución de 300€. Sin embargo, esta limitación no solo está referida a los títulos mencionados entre el apartado 4 al 7, del citado precepto normativo. Entre ellos no hay expresa referencia al acuerdo de mediación, implicando con esto que queda exento de dicho límite para ser ejecutado.

Tal circunstancia nos obliga a distinguir entre la escritura pública que contiene el acuerdo de mediación del resto de escrituras que se mencionan en el punto 4 del art. 517.2, a saber:

"4° Las escrituras públicas, con tal que sea primera copia; o si es segunda que esté dada en virtud de mandamiento judicial y con citación de la persona a quien debe perjudicar, o de su causante, o que se expida con la conformidad de todas las partes."

Por consiguiente, hay un tratamiento diferenciado entre las escrituras referidas en el apartado citado y la escritura pública del acuerdo de mediación, que queda eliminada del límite cuantitativo señalado y, por ende, equiparada, una vez más, a sentencias, laudos, resoluciones arbitrales y judiciales, que se enumeran los puntos 1° a 3° del art. 517.2 LEC.

V. EJECUCIÓN DINERARIA Y NO DINERARIA

El contenido de un acuerdo de mediación puede contener obligaciones de entregar una suma de dinero o no dinerarias, así como, de hacer o de no hacer, por tanto, debemos saber si cuando estemos ante una obligación que no consista en entregar una suma de dinero, ésta sería ejecutable o no. En nuestro parecer no cabe la menor duda, ya que al ser elevado a escri-

tura pública el acuerdo de mediación, al igual que una sentencia o laudo, es perfectamente ejecutable su contenido.
En esta dirección se manifiesta el art. 699 de la LEC:

> *Cuando el título ejecutivo contuviere condena u obligación*
> *de hacer o no hacer o de entregar cosa distinta a una cantidad*
> *de dinero, en el auto por el que se despache ejecución se reque-*
> *rirá al ejecutado para que, dentro del plazo que el tribunal*
> *estime adecuado, cumpla en sus propios términos lo que esta-*
> *blezca el título ejecutivo.*
> *El en requerimiento, el tribunal podrá apercibir al ejecuta-*
> *do con el empleo de apremios personales o multas pecuniarias.*

El precepto de la norma procesal descripta viene a igualar
condena y obligación, la primera proviene de una sentencia, la
segunda tiene su origen en una transacción o mediación, y hay
traba o impedimento legal alguno para que las ejecuciones de
los acuerdos de mediación, lo sean dinerarias o no pecuniarias.

VI. PROCEMIENTO

El proceso para ejecutar un acuerdo de mediación es muy
similar al que se utiliza para una sentencia, con algunos matices como el juzgado que resulta competente, que en el del
acuerdo de mediación será, como indicamos anteriormente, el
del lugar de la firma del acuerdo.

El procedimiento da comienzo a instancia de parte a través
de un escrito en forma de demanda, la cual debe reunir los
requisitos del art. 549 LEC, en la que no se señala de manera
concreta al acuerdo alcanzado en mediación; no obstante, el
art. 550 hace referencia a los documentos que deberán acompañar a la demanda ejecutiva y aquí si se menciona al mismo,
en particular el punto 1 del art. 550.1, que establece que se
acompañará el título ejecutivo. Evidentemente el acuerdo de
mediación transpuesto a escritura pública deviene en un título
ejecutivo, pero su párrafo tercero, exige una peculiaridad res-

pecto de este, la inclusión de otros documentos para despachar ejecución, copia del acta de la sesión constitutiva y final del procedimiento de mediación.

Luego de esto, el art. 551 LEC establece que el tribunal despachará la ejecución, siempre cuando *"no adolezca de ninguna irregularidad formal y los actos de ejecución que se solicitan sean conformes con la naturaleza y contenido del título..."*

Respecto a ello, estamos de acuerdo con el pensar de la profesora Pardo Iranzo que sostiene que *"no creemos que esté obligando al juez ejecutor a verificar que efectivamente el procedimiento se desarrolló tal y como establece la ley de medicación y ello porque esa obligación sería de imposible cumplimiento. Ni siquiera a la vista de las actas de las sesiones constitutiva y final puede realizar dicha verificación. Más bien se tratará de comprobar que en el acuerdo consta que el procedimiento fue realizado conforme a lo fijado en la ley de mediación. Que se inició (acta constitutiva), se desarrolló en una o varias sesiones y finalizó (acta final) resultando del mismo un acuerdo de mediación"*.[101]

Contra el despacho de ejecución por parte del tribunal, el ejecutado, en el plazo de 10 días siguientes a la notificación del mismo, podrá oponerse, tanto por causas procesales como por motivos de fondo. Entre los primeros motivos, los procesales, el art. 559.1.3°dice: *"Nulidad radical del despacho de la ejecución por no contener la sentencia o el laudo arbitral pronunciamientos de condena, o por no cumplir el documento presentado, el laudo o acuerdo de mediación los requisitos legales exigidos para llevar aparejada ejecución, o por infracción, al despacharse ejecución, de los dispuesto en el artículo 520"*.

Con relación a los motivos de fondo, hay que tener en cuenta el artículo 556.1 de la LEC, alegando pago o cumplimiento de lo ordenado en la sentencia, laudo o acuerdo de mediación, y la oposición a la ejecución no suspenderá el curso de la ejecución (art. 556.2).

---

101. Ver Pardo Iranzo, V., op.cit. pág. 156.

VII. EFICACIA JURÍDICA DEL ACUERDO SIN INTERVENCIÓN DE MEDIADOR

En este penúltimo apartado nos hemos preguntado qué sucedería si ¿el mediador no se encuentra registrado, o no posee la cualificación pertinente para ejercer de mediador? ¿y si el acuerdo de mediación obtenido no ha seguido los cauces señalados en la ley? ¿y si el acuerdo fue logrado entre partes sin intervención alguna de mediador?

Para dar respuestas a estas preguntas, partamos, en primer lugar, del art. 11 de la LM que establece las condiciones para ejercer de mediador. Este precepto señala:

Condiciones para ejercer de mediador.
1. Pueden ser mediadores las personas naturales que se hallen en pleno ejercicio de sus derechos civiles, siempre que no se lo impida la legislación a la que puedan estar sometidos en el ejercicio de su profesión.

Las personas jurídicas que se dediquen a la mediación sean sociedades profesionales o cualquier otra prevista por el ordenamiento jurídico, deberán designar para su ejercicio a una persona natural que reúna los requisitos previstos en esta ley.

2. El mediador deberá estar en posesión de título oficial universitario o de formación profesional superior y contar con formación específica para ejercer la mediación, que se adquirirá mediante la realización de uno o varios cursos específicos impartidos por instituciones debidamente acreditadas, que tendrán validez para el ejercicio de la actividad mediadora en cualquier parte del territorio nacional.

3. El mediador deberá suscribir un seguro o garantía equivalente que cubra la responsabilidad civil derivada de su actuación en los conflictos que intervenga.

Como puede apreciarse del precepto citado, no se hace mención alguna a la necesidad u obligatoriedad de estar inscrito en registro alguno.

En segundo lugar, el art. 11.1 del Real Decreto 980/2013, de 13 de diciembre, por el que se desarrollan determinados aspectos de la LM, señala:

La inscripción de los mediadores que desarrollen la actividad de mediación de conformidad con las previsiones de la ley de mediación en asuntos civiles y mercantiles y de las instituciones de mediación en el registro será voluntaria.

No obstante, será requisito previo la inscripción en el registro para el nombramiento como mediador concursal conforme a lo establecido por el aparatado 1 del artículo 233 de la Ley 22/2003, de 9 de julio, concursal.

Como podemos advertir, la inscripción de los mediadores en el registro para los asuntos civiles y mercantiles no tiene carácter obligatorio, por tanto, su no realización no conlleva la pérdida de la condición de acuerdo de mediación; salvo en el caso de mediadores concursales que vienen obligados a efectuar dicha inscripción.

Ahora bien, ¿y si el mediador interviniente no posee la cualificación profesional adecuada?, ¿y en qué momento del proceso de ejecución del acuerdo se realiza dicha comprobación? Nos inclinamos considerar que el momento oportuno deberá ser cuando el notario está comprobando el cumplimiento de los requisitos marcados por el art. 23.2 de la LM, para decir si se eleva a escritura pública. El acuerdo, así realizado, debería ser considerado como un documento privado con plena validez y siéndole de aplicación la normativa del art. 1091 del CC: "*Las obligaciones que nacen de los contratos tiene fuerza de ley entre las partes, y deben cumplirse al tenor de los mismos*". Por tanto, estaríamos ante una transacción, al margen de la mediación, a la que no se le podría aplicar los beneficios de la LM, en particular los que surgen de su condición de título ejecutivo.

Finalmente, respondiendo a la cuestión de qué pasaría si el acuerdo alcanzado con intervención de mediador no ha seguido los cauces señalados por la LM en los arts. 16 a 24, por ejemplo, se ha omitido el acta inicial y final, y solamente existe la firma del acuerdo, sería claro que el notario, a tenor de la normativa vigente, no podría elevar dicho acuerdo a público documento por carencia de documentación necesaria. Además, la propia LEC, en su art. 550.1 1° establece que "*Cuando el título sea un acuerdo de mediación elevado a escritura pública, se acompañará, además, copia de las actas de la sesión constitutiva y final del procedimiento*", por lo que nunca podrá despacharse ejecución en virtud de la documentación y acuerdo realizado de forma defectuosa.

Capítulo Cuarto

DE LEGE FERENDA: OBLIGATORIEDAD MATIZADA

I.   PRESENTACIÓN DE LA CUESTIÓN

Quedando clara nuestra postura sobre la necesidad de que el acuerdo de mediación pueda adquirir la calificación de título ejecutivo para que su contenido sea exigible a las partes firmantes del mismo, otro aspecto fundamental, en la propagación de este instrumento alternativo de solución de conflictos que garantiza los derechos de nuestros consumidores, es la posibilidad de implantar una cierta "obligatoriedad matizada", como condición previa a una posible demanda judicial, es decir, la necesidad de someterse al procedimiento de mediación, pero no en tener que llegar necesariamente a un acuerdo en dicho proceso.

Ahora bien, nuestra Ley 7/2017, en la Sección 2ª del Capítulo I del Título I recoge en su artículo 8 una serie de principios que denomina rectores, tales como, independencia, imparcialidad, transparencia eficacia y equidad. En el artículo siguiente, le citada normativa recoge otros principios, que si bien, no los califica como tales, sino como requisitos imprescindibles que se deben seguir en el procedimiento de mediación, hubiese sido más correcto, que fuesen mencionados como principios, como ocurría en el Anteproyecto de Ley. Entre ellos, se señala la voluntariedad, cuando se afirma que *ninguna de las partes tendrá la obligación de participar en el procedimiento ante una entidad de resolución alternativa de litigios de consumo, excepto cuando una norma especial lo establezca*[102].

Como podemos apreciar, nuestro legislador nacional ha optado por la voluntariedad, como requisito o principio rector de la mediación, sin aprovechar la oportunidad que le brindó la propia Directiva comunitaria 2013/11 que permitía que los Estados miembros impusieran la obligatoriedad si lo consideraban adecuado para una mayor protección de los consumidores, con la única salvedad, que ello no implicara un impedimento u obstáculo para ninguna de las partes de acudir a la vía judicial. Creo que se perdió una importante oportunidad que va en detrimento de los derechos del consumidor, toda vez que la mediación, como medio alternativo de solución de conflictos, como ya hemos señalado en varias ocasiones, es más económico y rápido, lo que siempre resultará más atractivo que ir a un sistema de arbitraje y por supuesto, acudir al sistema judicial[103]. La elección o justificación de tal postura la podemos encontrar en el hecho de haber seguido la previsión que se

---

102. Ver AGÜERO ORTIZ, A., "La transposición de la Directiva 2013/11/UE, al ordenamiento jurídico español a través de la Ley 7/2017 de 2 de noviembre", en *La resolución de conflictos con consumidores: de la mediación a las ODR*, dirección Inmaculada Barrals Viñals, Reus, Madrid, 2028.

103. El Real Decreto Ley 1/2007, de 20 de enero, de medidas urgentes de protección de consumidores en materia de cláusulas suelo estableció un sistema extrajudicial para reclamar las cantidades indebidamente abonadas, en los contratos hipotecarios. Sin embargo, la voluntariedad se estableció para las dos partes, tanto para el consumidor como para los bancos, con lo que, la última palabra o decisión final de acudir o no a la mediación la tenían las entidades bancarias, además de otras prerrogativas, tales como, fijar plazos, establecer la forma o la posibilidad de responder a la reclamación, etc. Ante ello, consideramos que, en busca de mayor protección a los consumidores, la voluntariedad debería regir sólo para ésos, las empresas, y en este supuesto concreto, los bancos, deberían venir obligados legalmente a someterse a la mediación si los consumidores así lo solicitan, ya que son la parte más débil y desprotegida del conflicto. (ver CONDE FUENTES, J., "El procedimiento extrajudicial para la restitución de las cantidades pagadas en aplicación de las cláusulas suelo", *Revista de Derecho Civil*, nº 4, 2017, pág. 220.

establecía en la Ley 5/2012 de mediación en asuntos civiles y mercantiles.

A raíz de ello, en España el gobierno elaboró un par de Anteproyectos. El primero, con fecha 11 de enero 2019, en su afán de impulsar la mediación, la configuraba como un requisito de "obligatoriedad mitigada" en un doble aspecto: a) como paso previo a la interposición de determinadas demandas, regulada como requisito de tal carácter a modo de presupuesto procesal; b) en el caso de la mediación intrajudicial, su utilización cuando el órgano judicial lo considere preciso, siempre que no haya existido un intento previo. En el primer caso, la modificación del art. 6 de la Ley 5/2012, aunque mantenía el carácter voluntario, obligaba a las partes a acudir a la sesión inicial informativa y exploratoria con carácter previo a la vía judicial. En materia de costas procesales, autorizaba la condena de las mismas a la parte que no haya acudido a un intento de mediación, sin que acreditase causa justa de imposibilidad.

Todas las propuestas que incluía este Anteproyecto hubiesen ayudado a desarrollar y consolidar la institución en nuestro país. Normativa que no llegó a tramitarse ente la disolución de las Cortes Generales.

El segundo Anteproyecto de Ley de medidas de eficiencia procesal del servicio público de justicia de 2022 (ALMEP), nace con el propósito de descongestionar la Administración de Justicia y atajar los efectos que el período de pandemia (Covid-19) estaba y está generando en nuestros tribunales. Para ello, considera adecuadas algunas medidas urgentes: a) incorporación en nuestro ordenamiento jurídico los denominados "medios adecuados de solución de controversias (MASCs), como forma o medida necesaria para la consolidación de un servicio público de justicia sostenible y eficiente; b) prevé medidas para lograr transformar de manera digital la administración de Justicia.

El ALMEP pone el pilar fundamental de pasar de un modelo voluntario a un modelo obligatorio de la negociación. El art. 1.1 establece que...*cualquier tipo de actividad negocial a la que las partes de un conflicto acuden de buena fe con el objeto de encontrar una solución extrajudicial al mismo, ya sea por sí mismas o con la intervención de un tercero neutral.* Y en el apartado tercero del citado artículo afirma que, *en el orden jurisdiccional civil con carácter general, se considerará requisito de procedibilidad acudir previamente a algún medio adecuado de solución de controversias para que sea admisible la demanda.* Posteriormente cita algunos de los mecanismos o instrumentos idóneos para cumplir con dicho cometido, por ejemplo *...a la mediación, a la conciliación o a la opinión neutral de un experto independiente, si se formula una oferta vinculante confidencial o si se emplea cualquier tipo de actividad negociadora no tipificada legalmente pero que cumpla las exigencias del artículo 1.* Un sector mayoritario de la doctrina considera como modalidades de la negociación previstas en la legislación especial las reclamaciones extrajudiciales previas a las demandas de reclamación de cantidades por motivo de cancelación o denegación de embarque (Reglamento 261/2004); por reclamación ante la pérdida o retraso del equipaje (Convenio de Montreal 1999); devolución de cantidades indebidamente pagadas por el consumidor en virtud de las cláusulas suelo de los contratos de préstamo hipotecario, según los arts. 439.5º,6º y 7º de la Ley de Enjuiciamiento Civil cuya modificación propone.

Finalmente hay que señalar que este Anteproyecto, que esperamos vea luz alguna vez, y nos coloque entre los Estados que han establecido ciertos grados de obligatoriedad de los procesos de mediación, hace hincapié en la necesidad de realizar medidas de concienciación, divulgación y pedagógicas, tanto por parte de instituciones públicas como privadas. En esta línea de trabajo nuestra Facultad de Ciencias del Trabajo de la Universidad de Cádiz, desde hace 10 años viene desarrollando un exitoso Máster de Mediación, con una altísima demanda de alumnos de distintos países del mundo.

II. HACIA LA FLEXIBILIDAD DE LA VOLUNTARIEDAD DE LA MEDIACIÓN

Como ya quedó acreditado, la voluntariedad es una característica innata a la propia naturaleza de la medicación, es un presupuesto básico que figura en todas las regulaciones jurídicas, comunitarias, nacionales y autonómicas que regulan esta institución[104]. Componente básico que perdurará a lo largo de todo el procedimiento, desde su inicio hasta su conclusión o desistimiento. En efecto, la participación voluntaria es un elemento de la esencia de la mediación, y casualmente, la aceptación y éxito de este procedimiento se debe en parte porque las partes en conflicto construyeron el acuerdo concurriendo libremente a la mediación.

En nuestra doctrina, son numerosos los autores que, basándose en las recomendaciones surgidas de la citada Directiva 2008/52, consideran que establecer la obligatoriedad de la mediación no se contradice con el principio de voluntariedad. Ello, en referencia al sometimiento al procedimiento de la mediación y no a tener que llegar a un acuerdo. Por eso se ha llegado a afirmar que, *pese a que mediación y obligatoriedad parecen conceptos antitéticos y aunque pueda afirmarse que la expresión mandatory mediation constituye un oxímoron, diversos ordenamientos jurídicos la han integrado en su sistema de resolución alternativa de conflictos, obligando a las* partes

---

104.   Art. 3.a y considerando 13 Directiva 2008/52/CE, de 21 de mayo; art. 1 y Preámbulo II Ley 5/2012, de 6 de julio y art. 6 Ley 1/2009, de 27 de febrero, reguladora de la mediación familiar en la Comunidad Autónoma de Andalucía, que establece: *Las partes podrán acceder libremente al procedimiento de medicación para la resolución de aquellos conflictos que se encuentren al margen de actuaciones judiciales. Asimismo, podrán iniciar el procedimiento de medicación cuando libre y voluntariamente así lo decidan todas las partes en conflicto, ya sea antes de la iniciación de las actuaciones judiciales, en el curso de las mismas o incluso una vez finalizadas. Igualmente, podrán desistir de la mediación en cualquier fase del procedimiento.*

a iniciar el procedimiento voluntario de mediación[105]. Alguno de ellos, recuerdan que la imposición de la medicación obligatoria en nuestro país no sería un hecho nuevo, toda vez, que la Constitución de 1812, *paradigma de la filosofía liberal que inspiraba nuestro país por entonces, así lo establecía para asuntos civiles. El artículo 282 de la Constitución de 1812 señalaba que "El Alcalde de cada pueblo ejercerá en él el oficio de conciliador, y el que tenga que demandar por negocios civiles o por injurias, deberá presentarse a él con este objeto". Por lo tanto, incluso se hacía mención a la conciliación o mediación, que como queda claro se convertía en una obligación previa a la presentación de una demanda por actos civiles e incluso penales*[106]. El Anteproyecto de 2019 referido al comienzo de este apartado, ya preveía la obligatoriedad de la mediación como un presupuesto para admitir determinados asuntos en un proceso judicial posterior. Esta posibilidad fue descartada en la transposición que nuestro legislador nacional realizó de la Directiva 2008/52, a través de la Ley 5/2012, estableciendo manera clara y precisa su carácter voluntario en el art. 6, sin contemplar siquiera la sesión informativa previa a la mediación[107].

A pesar de que se descartó dicha característica por considerarla que no era connatural a la institución de la medicación, se buscó dar cierto impulso a este sistema alternativo de resolución de conflictos, autorizando que éste tenga lugar con carácter previo al procedimiento o incluso ya iniciado el mismo, en la audiencia previa. También se establecieron medidas como la suspensión de los plazos de prescripción y caducidad de acciones mientras dure el proceso, así como, el reconocimiento del necesario carácter ejecutivo de los acuerdos alcanzados, aspectos ya tratados en nuestro trabajo.

---

105. Ver GINEBRA MOLINS, E., Y TARABAL BOSCH, J., "La obligatoriedad de la mediación derivada de la voluntad de las partes: las cláusulas de mediación", en *Revista para el análisis del derecho,* nº 4, Barcelona, 2013, pág. 6.

106. Ver HERRERA DE LAS HERAS, R., op. cit., pág. 8.

107. Respecto a esto, FRANCO CONFORTI, O.D., "La sesión informativa obligatoria en la mediación intrajudicial en España", en *Diario La Ley,* nº 8486, 2015.

Nuestro posicionamiento a favor de flexibilizar el concepto de voluntariedad, o, mejor dicho, aceptar que dicho principio admite modulaciones, viene fundamentado en varias y diferentes razones. En primer lugar, por la propia regulación en las normas comunitaria y el espíritu que las inspira. Así pues, el informe del Parlamento refiere que *la forma más efectiva de poner a la mediación en el mapa de los litigantes de la Unión Europea pasa por establecer una regulación normativa que vaya más allá de la simple invitación a los litigantes civil y comerciales para reunirse con un mediador primero.* En clara alusión a que toda iniciativa pasa porque los países miembros las acompañen con la obligatoriedad. La misma posibilidad surge del propio art. 3 de la Directiva 2008/52 cuando dice… *este procedimiento puede ser iniciado por las partes, sugerido u ordenado por un órgano jurisdiccional o prescrito por el Derecho de un Estado miembro.* Posteriormente, en el artículo 5.1 agrega que *el órgano jurisdiccional podrá pedir a las partes que asistan a una sesión informativa sobre el uso de la mediación…*, en su apartado 2 señala que *la presente Directiva no afectará a la legislación nacional que estipule la obligatoriedad de la mediación o la someta a intensivos o sanciones, ya sea antes o después de la incoación del proceso judicial, siempre que tal legislación no impida a las partes el ejercicio de su derecho de acceso al sistema judicial.*

En segundo lugar, sería ventajoso o beneficioso, por un lado, para la propia administración de justicia ya que descongestionaría los tribunales y ahorraría gastos económicos a la misma. Y, por otro lado, a las partes en litigio, ahorrando tiempo y dinero, amén de llegar a una solución más rápida y adaptadas a sus necesidades. Normalmente, luego de un acuerdo de mediación, bien dirigido, termina con la relación entre los litigantes menos deteriorada. El citado informe del Parlamento, al que ya hemos tanta referencia, señala que el coste medio del procedimiento judicial es de 8.015€ frente al de la mediación, que es de 1.833€.

III. CLASES DE MEDIACIÓN OBLIGATORIA

Se han señalado varias formas de mediación obligatoria, pero siguiendo el citado informe del Parlamento Europeo *Rebooting the mediation directive: assessing the limited impacto if its implementation and proposing measures to increase the number of mediations in the EU*, podemos destacar dos: el primero, que hace referencia a la obligatoriedad de asistir a la sesión informativa que pudiese ofrecerse en los órganos jurisdiccionales; el segundo, consistente en una mediación obligatoria en sentido estricto, en la que debe al menos intentarse llegar a un acuerdo, pero con la posibilidad, por supuesto, de abandonar el proceso de mediación por las partes en conflicto, en cualquier momento del mismo. La gran mayoría de los autores, a la primera clase de *mandatory mediation*, no la considera como una verdadera clase o modelo de mediación obligatoria. Por ello, hablan propiamente de mediación obligatoria cuando su intento se regula o configura como paso previo necesario antes de acudir a los tribunales de justicia, ya sea porque lo manda una norma jurídica específica (obligatoria legal), o el juez ante el caso concreto que tiene delante (obligación judicial).

Desde este preciso momento es bueno dejar claro una cuestión previa referente a nuestra postura. Cuando sostenemos que antes de iniciar un procedimiento judicial civil, mercantil e incluso en temas de consumidores, bien para continuar el mismo, no estamos exigiendo o proponiendo que las partes en conflicto deben, obligatoriamente, llegar a un acuerdo sobre el conflicto planteado, ello iría, por supuesto, contra el principio de autonomía de la voluntad de nuestro art. 1255 del Código civil. Lo que se defiende es que se obligue por ley a intentar ese acuerdo, ya sea judicial o extrajudicialmente, según se haya iniciado o no el proceso ante los tribunales. De no producirse acuerdo alguno, vendría la actuación ante la jurisdicción. Por ello, no es de extrañar que parte de la doctrina nacional considere que sería más acorde con la realidad normativa un cambio en el léxico que se emplea para indicar la posible "obligatoriedad" en la mediación. En este sentido, Vargas Pérez, argumenta que, *si uno de los principios fundantes de la mediación es la participación voluntaria de los involucrados en el conflicto, entonces la expresión "mediación obligatoria" no parece del todo feliz*[108]. Por ello, hay juristas que hablan de "comparecencia obligatoria a mediación" o "mediación involuntaria"[109], o incluso utilizan el término "mediación voluntaria mitigada"[110]. Por ello, la idea final que se postula es la de no sólo que haya un ofrecimiento previo a mediar[111], ni siquiera la existencia de la sesión informativa sobre la posibilidad de efectuar la mediación, sino la del establecimiento del intento de *juicios verbales*

---

108.   VARGAS PÁVEZ, M., "Mediación obligatoria: algunas razones para justificar su incorporación", en *Revista de Derecho,* vol. XXI, nº 2, diciembre 2008, pág. 192. Para esta autora, la voluntariedad no sólo se agota en la decisión de acceder al proceso de mediación, sino que requiere que las partes adquieran un rol protagónico durante su desarrollo. Las partes en conflicto deben tener una actitud activa, colaborativa con la finalidad de lograr alternativas de solución a su conflicto, estar abiertos y flexibles a escuchar las propuestas del otro. Esta predisposición de las personas que intervienen en la medicación se convierte, para algún autor, en verdaderos deberes éticos de las partes que intervienen en dicho proceso (Ver GÓMEZ, P. "Propuestas y reflexiones éticas acerca del ejercicio de la mediación en Chile como forma de resolución no adversarial de los conflictos", en *Revista de Derecho de la Universidad Católica de Valparaíso*, Valparaíso, 1999, pág. 374.

109.   El Instituto de Justicia del Estado, de los EEUU, utiliza la expresión de comparecencia obligatoria a mediación (ver *Normas recomendadas para programas de mediación anexas a los tribunales*, traducción hecha por la Fundación Libra de Argentina, Buenos Aires, 1993, pág. 42. Otros autores, prefieren utilizar el término de mediación involuntaria (ver BRETT, J., BARSNESS, Z. Y GOLDBERG, S., "La eficacia de la mediación. Un análisis independiente de casos gestionados por cuatro importantes proveedores de servicio", en Burns, M.I. (coord..), *Suplemento de Resolución de Conflictos (R.C.),* La ley, Buenos Aires, 1997, pág. 1-9.

110.   VÁZQUEZ DE CASTRO, E., op. cit.

111.   El Real Decreto 231/2008, de 15 de febrero por el que se regula el sistema de arbitraje de consumo, en su art. 38.1, establece como obligatoria, no la mediación en si misma, sino al menos el ofrecimiento de ésta. En este sentido señala que *cuando no existan causas de inadmisión de la solicitud de arbitraje se intentará mediar para que las partes alcancen un acuerdo que pongan fin al conflicto, salvo oposición expresa de cualquiera de las partes o cuando conste que la mediación ha sido intentada sin efecto.*

mediación obligatoria, siempre con la posibilidad, por supuesto, que las partes puedan retirarse del proceso una vez que haya sido intentada la mediación.

En el Anteproyecto de Ley de 2011 regulaba la voluntariedad como principio fundamental de la mediación, pero con algunos matices diferenciadores con respecto a la actual normativa del 2012. Su artículo 7 establecía que *El sometimiento a mediación es voluntario, sin perjuicio de la obligatoriedad de su inicio cuando lo prevea esta Ley o la legislación procesal. Nadie está obligado a concluir un acuerdo ni a mantenerse en el procedimiento de mediación.* Luego en su Disposición Adicional Final segunda modificaba la redacción del art. 437.3 LEC por la cual introducía la obligatoriedad del intento de mediación en los *juicios verbales...a los que alude el apartado 2 del art. 250 que consistan en una reclamación de cantidad, no se refieran a alguna de las materias previstas en el apartado 1 del mismo artículo y no se trate de una materia de consumo, será obligatorio el intento de mediación de las partes en los seis meses anteriores a la interposición de la demanda.* Requisito de procedibilidad que debía acreditarse con acta o documento acreditativo del intento de mediación.

El Consejo General del Poder Judicial en su Informe del Anteproyecto de Ley de Mediación, manifestó que la instauración de la mediación obligatoria *supone la restauración de un sistema muy similar al que ya fue abandonado por nuestro legislador al eliminar el trámite preceptivo del acto de conciliación previo a la demanda de juicio declarativo que se establecía en el artículo 460 LEC/1881, lo que acaeció en virtud del artículo 8 de la Ley 34/1984.* Agrega demás, *que se corre el riesgo de acabar convirtiéndose la mediación en una suerte de formalidad cumplimentada de forma rutinaria sobre todo cuando la Memoria del Análisis de Impacto Normativo que acompaña al Anteproyecto dice que el intento de mediación será un mero trámite de carácter previo que permite dar por cumplida la obligación legal en la sesión informativa si no se llegara a iniciar la mediación*[112]. Para Ortiz Pradillo, en cambio, la mediación obligatoria, no sólo no contradice el principio de voluntariedad, sino que es un método eficaz de dar a conocer la mediación, divulgarla y legitimarla socialmente para que la ciudadanía tomase conciencia de su existencia y de las ventajas que ofrecía a las partes, como el otorgarles protagonismo en todo el procedimiento[113].

El Anteproyecto de Ley de Medidas de Impulso de la Mediación de 2019, estableció la obligatoriedad mitigada que consistía, por una parte, en la obligatoriedad, para determinadas materias, de acudir a la conciliación previa antes de ir a la vía judicial. Las partes recibían del mediador información clara y precisa de la naturaleza de la institución, de la estructura del procedimiento y de los beneficios frente a la vía judicial. Pero no implicaba someterse a un proceso de mediación y llegar a un acuerdo. El art. 6 de la Ley 5/2012 quedaba modificado de esta forma: *...los interesados estarán obligados a intentarla con carácter previo al inicio de un proceso declarativo,* entendiendo como intento, *al menos, la celebración ante el mediador de una sesión informativa y una sesión exploratoria, que podrán haberse celebrado en el único acto, y de haberse efectuado dentro de los seis meses anteriores a la presentación de la demanda.* También se regulaba, la mediación intrajudicial. Este Anteproyecto iba acompañado de incentivos tales como, la condena en costas en supuestos de temeridad; o bien, calificar la mediación como prestación incluida en el derecho de asistencia gratuita cuando aquella fuera presupuesto procesal para la admisión de la demanda o resultase de la derivación del juez. Para ello, se modificaba la Ley 1/1996, de 10 de enero, de asistencia jurídica gratuita.

---

112. *Informe al Anteproyecto de Ley de mediación en asuntos civiles y mercantiles,* del Consejo General del Poder Judicial, 2010.
113. ORTIZ PRADILLO, J.C., "Análisis de los principios informadores de la medicación en asuntos civiles y mercantiles", en el *Boletín del Ministerio de Justicia,* nº 2.135, pág. 2-34.

Brevemente, quisiera mencionar el Anteproyecto de Ley de Medidas Eficiencia Procesal del 2020 enmarcado en la Estrategia Justicia 2030. En dicho documento se trata de impulsar los Medios Adecuados de Solución de Controversias (MASC), incentivando la negociación entre las partes frente a una confrontación en el ámbito judicial. A este respecto la Exposición de Motivos hace suyas las palabras de Louis-Pierre Prugnon, diputado de la Asamblea Constituyente durante la Revolución Francesa, *antes de entrar en el templo de la Justicia, se ha de pasar por el templo de la concordia.* Al igual que el Anteproyecto antes citado, aquí se incorpora como requisito de procedibilidad para que sea admitida una demanda, haber acudido previamente a algún medio adecuado de solución de controversias (art. 1.3), entre ellos está la mediación (art.3.3). Hay un cambio sustancial, la mediación no aparece solamente como una alternativa a la solución judicial, es la antesala. Con este giro que da el legislador se hace un cambio cultural en el natural procedimiento de resolución de conflictos el escalón de la mediación. La nueva redacción que se le dará a la Ley de Mediación establece cuándo se tendrá por cumplido el requisito: *con la celebración, al menos, de una sesión inicial ante el mediador, siempre que quede constancia en la misma del objeto de la controversia y que las partes formulen propuesta inicial de negociación…*La diferencia con el anterior Anteproyecto es clara, allí sólo se pedía una sesión informativa y una sesión exploratoria que podía realizarse en el mismo acto[114].

1.   Ventajas y desventajas de una mediación obligatoria

En el camino hacia la instauración de alguna clase de mediación obligatoria, siguen existiendo juristas que se plantean

---

114.   Ver FELIÚ REY, J., "La mediación en asuntos civiles y mercantiles en España: De la voluntariedad a la obligatoriedad", en *Cuadernos de Derecho Trasnacional*", vol. 14, nº 2, octubre 2022, pág. 407. Este Anteproyecto es ahora mismo un Proyecto de Ley (2022), que con algunos cambios guarda la misma esencia, de su predecesor.

muchos dudas y obstáculos para su implantación. Entre ellas, podemos citar las siguientes:

a) Posible vulneración del principio constitucional previsto en el art. 24 de la Constitución española sobre la tutela judicial efectiva. Se sostiene que la obligatoriedad de la mediación como requisito previo para la admisión a trámite de una posterior demanda judicial, conculcaría el derecho a la tutela judicial efectiva. Sin embargo, como veremos más adelante, el Tribunal de Justicia de la Unión Europea ha tenido ocasión de manifestarte sobre el particular, sosteniendo que dicha obligatoriedad supone más bien una limitación de dicho derecho, pero nunca su vulneración, ya que conforme a su propia jurisprudencia es perfectamente admisible ya que implica una limitación proporcional al objetivo buscado. Además, debemos tener en cuenta que las partes pueden retirarse del procedimiento en cualquier momento, que su resolución no es vinculante para ellas, y que, como hemos señalado en nuestro trabajo, quedan suspendidos los plazos de prescripción o caducidad de las acciones, para evitar que se obstaculice el futuro acceso a un proceso judicial[115]. En esta dirección se manifiesta Oscar Conforti, al señalar que, *si la tutela judicial efectiva no es ejecutable sin más, sino sólo por los cauces que el legislador establece, cabría la posibilidad de establecer un requisito previo de acceso a la jurisdicción, como es pasar antes por la mediación, y ello haría que el acceso a la jurisdicción no se viera afectado*[116].

---

115. Ver Tamayo Haya, S., "La mediación familiar desde una perspectiva comparada", en Arranz de Andrés C. y Serna Vallejo, M. (coord.) *Estudios de Derecho español y europeo*, Universidad de Cantabria, 2009, pág. 952. La autora al explicar las ventajas de una mediación obligatoria señala que *lejos de suponer un perjuicio para el justiciable, los nuevos métodos no jurisdiccionales son una garantía más para él...porque tendrá acceso a la justicia entendida en modo global, porque su interés será adecuadamente resuelto al existir una mayor participación suya y la posibilidad de acordar con la otra parte en disputa lo que realmente le convenga.*

116. Conforti, O.D., "La sesión informativa obligatoria en la medicación intrajudicial en España", en *Diario La Ley*, 23 de febrero 2015, pág. 9. Esta idea

Con relación a esta posible contradicción con el derecho constitucional consagrado en el artículo 24 referido, resulta llamativa la sentencia del Juzgado de Primera Instancia de Barcelona en el juicio verbal 414/14 que se siguió entre Fleet Care & Innovatiom S.L. y la aseguradora Mapfre Familiar y su asegurado Luis Recuenco Transportes S.L. en reclamación de 402.75€, valor del vehículo de sustitución proporcionado al perjudicado en accidente de tráfico. La sentencia comienza por señalar que *el derecho a la tutela judicial efectiva no es un derecho de libertad, ejercitable sin más y directamente a partir de la Constitución, sino que es un derecho prestacional y de configuración legal, cuyo ejercicio está sujeto a la concurrencia de los presupuestos y requisitos procesales que, en cada caso, haya establecido el legislador.* Ello supone que *pueden establecerse límites al ejercicio del derecho fundamental que serán constitucionalmente válidos si, respetando su contenido esencial (art. 53.1 CE), están dirigidos a preservar otros derechos, bienes o intereses constitucionalmente protegidos y guardan adecuada proporcionalidad con la naturaleza del proceso y la finalidad perseguida.* A continuación resalta, que cualquier otro derecho, éste puede ser usado de forma inadecuada por ello señala que nuestro artículo 7.2 del Código civil que la ley no ampara el abuso del derecho o el ejercicio antisocial del mismo, y *ese abuso del derecho a la tutela judicial, con una clara consecuencia antisocial por lo que supone de aprovechamiento de recursos públicos en beneficio de la actividad de una mercantil, se da cuando no se utiliza como último recurso sino como primero, siendo como es que otros métodos de resolución de conflictos podrían utilizarse.* Por consiguiente, el juzgador se interroga sobre si es legítimo que una empresa mercantil sostenga un juicio por 402.75 € ante los tribunales, cuando no

---

guarda relación para dicho autor, con el derecho a los recursos, pues, así como se establecen ciertos requisitos que se han de cumplir de forma previa a utilizar los recursos, cabría pensar en la posibilidad de que la Tutela Judicial Efectiva estableciera un requisito más a cumplir por parte de los justiciables a fin de acceder a la jurisdicción.

existe ninguna controversia sobre el accidente, es decir, sobre la causa y la culpa, que podrían considerarse cuestiones de naturaleza jurídica, y lo que únicamente se dilucida es una parte del daño, esto es, la consecuencia del uso de otro vehículo durante la reparación del coche dañado, y cuando acudir a un proceso judicial supone para el erario público destinar más de 2.610 € —valor al año 2000— según datos que constan en la sentencia que comentamos, llegando a la conclusión que *no por cuanto comporta una desproporción enorme entre lo que se discute y lo que cuesta que se discuta, y existen otras alternativas que no comprometen recursos públicos, que no perjudican derechos en discusión y cuyo uso inicial evitaría muchos de los casos que hoy colapsan los tribunales*, en nuestro caso, la mediación. Ahora bien, estás claro que el acudir a la mediación como sistema alternativo de resolución de conflictos no es obligatorio, por el momento, en nuestro país, como sucede en Italia, que ahora veremos, para casos como el presente, pero el actuar con rectitud, bajo criterios de ética y responsabilidad social no depende de que la ley lo imponga, sino de que los ciudadanos y empresas comiencen a darse cuenta, a tomar consciencia de los beneficios y perjuicios que producen en la causa pública y actúen en consecuencia[117]. Este es el pensamiento de Merelles Pérez que refiere que *la mediación, además de un método alternativo para la resolución de los conflictos, es una herramienta eficaz para la contención del costo social que implica la puesta en funcionamiento de la maquinaria judicial. La necesidad de optimizar los recursos públicos la proporcionalidad entre los medios utilizados y los intereses particulares, así como la necesaria concienciación social para acudir a la mediación, por suponer un abuso y un ejercicio antisocial del derecho*[118].

---

117.   Sentencia de 26 de enero de 20125, Juzgado de Primera Instancia de Barcelona, sección 52 (Roj: AJPI 3/2015- ECLI-ES:JPI:22015:·A) Consejo General del Poder Judicial.

118.   MERELLES PÉREZ, M., "Sanción por mala fe procesal por no intentar la mediación", en *Diario La Ley,* nº 8490, 27 de febrero de 2015, pág. 3.

b) El peligro que la mediación obligatoria termine siendo un mero trámite, una pura formalidad antes de acudir a los tribunales. El exigir acudir a dicho procedimiento se convierte en un trámite burocrático, y ello puede conllevar a su propio desprestigio, un requisito que puede generar disvalor de la institución. En efecto, el que llegue a ser un trámite más en el *iter* judicial para luego admitirse la demanda pertinente puede provocar en las partes una falta de interés, una falta de voluntad de solucionar la controversia de manera conciliadora. Por ello, sería conveniente acompañar a una futura reforma de nuestra ley donde se estableciera la obligatoriedad, con medidas y ayudas ventajosas en el ámbito fiscal.

c) Finalmente, y a manera de resumen, cabe recordar que la mediación mejora la calidad de la justicia, ya que al imponerse la mediación la controversia toma otro camino que no es el judicial, y descongestiona nuestros juzgados. También ahorra tiempo y dinero. Según el mencionado informe del Parlamento Europeo, un litigio en España tarda en resolverse por la vía judicial un total de 510n días de media, frente a los 50 días que tarda por la vía de la mediación. El coste económico también es distinto, el judicial de 8.015 y la mediación se cifra en 1.833 euros. En nuestra Ley 7/2017 en materia de consumo, los artículos 11 y 20 establecen que el proceso será gratuito en cualquier caso para el consumidor y que no excederá su resolución del plazo de noventa días naturales, respectivamente. Dos pilares fundamentales para que cada día haya más aceptación por parte de los consumidores.

Asimismo, al estar involucradas las partes en el acuerdo alcanzado será siempre más fácil cumplirlo de forma voluntaria. Como señala Iborra Grau, *la ventaja de ese sistema está en que son los propios implicados los que buscan la solución más ade-*

cuada a su conflicto, el acuerdo que se alcanza es un traje a su medida[119].

2. Italia, una normativa precursora

La transposición de la Directiva 2088/52 en el ordenamiento jurídico italiano fue novedosa y podríamos decir, hasta revolucionaria en el ámbito de los países comunitarios. En efecto, Italia fue el primer Estado miembro que incorporó en su ordenamiento jurídico la mediación obligatoria, siguiendo las recomendaciones de la normativa comunitaria. Su implantación no estuvo exenta de detractores y partidarios. Los segundos, principalmente dentro de la judicatura, veían una solución a la crisis que acarreaba desde hace tiempo la justicia italiana. Apoyados por los representantes del ámbito empresarial que reclamaban cambios para incorporar instrumentos más eficaces y rápidos para la solución de las controversias sobre las bases de los ADR. En cuanto a los primeros, cabe citar al Colegio de Abogados que criticaban la imprevisión de asistencia jurídica como necesaria en la mediación lo que lleva implícito, según esa asociación profesional, una menor protección a los ciudadanos y a las empresas. Por otra parte, la nueva normativa sobre mediación no estuvo a salvo de cuestiones de inconstitucionalidad ante el Tribunal Constitucional italiano y de cuestiones prejudiciales ante el Tribunal de Justicia de la Unión Europea, a las que luego haremos brevemente una referencia. No obstante, con la nueva regulación se procuró organizar y regular desde el comienzo toda la infraestructura orgánica que implica la implantación de la mediación en el país transalpino y crear un programa de formación para mediadores que transmitan garantía en el proceso que van a coordinar, y al mismo tiempo, resolver los problemas de sobrecarga y retrasos más adecuados para solucionar las controversias. En este sentido

---

119. IBORRA GRAU, C., "La mediación civil y mercantil: luces y sombras", en *Revista Derecho Mercantil*, 2014, pág. 48.

podemos afirmar que cumplió con la llamada realizada por los órganos comunitarios, y que explícitamente recoge la directiva citada con la finalidad de divulgar este mecanismo de solución de conflictos y expandir la cultura de la mediación[120].

La transformación en Italia tuvo sus etapas legislativas. La primera de ellas, tuvo su origen en la Ley 69/2009, del 18 de junio, a través del cual se delegaba en el gobierno la facultad de reformar, en el plazo de seis meses, la normativa reinante sobre la mediación y conciliación en materia civil y mercantil, siguiendo las directrices del Derecho comunitario y unos determinados criterios preestablecidos., entre los que cabe destacar, la creación de unos organismos específicos para llevar a cabo la mediación, la concreción de los principios que inspiran a la misma, la obligación de los abogados a comunicar a sus clientes de la posibilidad de resolver el litigio mediante este procedimiento, la posibilidad de utilizar medios electrónicos, ventajas fiscales, consecuencias disciplinarias en términos de costas procesales en caso de no cooperación durante l mediación y la ejecutividad del acuerdo alcanzado. Este primer período de cambio, concluye con la aprobación del Decreto Legislativo 28/2010, de 4 de marzo, sobre la mediación destinada a la conciliación de las controversias civiles y comerciales por la que se transpone la Directiva 2008/58 al Derecho italiano.

Dicha normativa italiana fue recurrida como inconstitucional por el Organismo Unitario de la Abogacía por contemplar la mediación obligatoria. El Tribunal Constitucional italiano estableció que el citado Decreto Legislativo era inconstitucional al establecer la mediación obligatoria, pero no en base a que ello implicase una vulneración a la tutela judicial efectiva, que fue el principal argumento del recurrente, sino por considerar que existió una extralimitación en la delegación legislativa, es decir un exceso de las facultades otorgadas, en la medida que

---

120. PILIA, C Y MACALEONI, A.M. "La mediación en Italia: con la mediación civil y mercantil, Italia elige Europa", en *Revista Aranzadi de Derecho Patrimonial,* nº. 28, 2012, pág. 387 y ss.

el Decreto Legislativo impone la obligatoriedad de la mediación, ya que el artículo 60 de la Ley 69/2009 no contenía de forma expresa la delegación parlamentaria para incorporar la mediación obligatoria, sobrepasando las delegaciones que se habían otorgado al gobierno de la República Italiana (sentencia 272/2012, de 6 de diciembre).

La segunda etapa tiene su inicio en la modificación del citado Decreto Legislativo por la Ley 98/2013, de 9 de agosto, de conversión en ley del Decreto Ley 69/2013, relativo a disposiciones urgentes para el relanzamiento de la economía o *Decreto del fare,* el cual introdujo la obligatoriedad del sistema de mediación como condición de admisibilidad de la demanda respecto a los asuntos que mencionaba el art. 5 del Decreto Legislativo 28/2010[121]. El acuerdo resultante de la mediación es título de ejecución forzosa, es decir, que tiene a misma fuerza ejecutiva que un laudo arbitral o que una escritura pública.

Llegado a este punto, cabe señalar, por un lado, que en el procedimiento de mediación italiana no es obligatoria la asistencia letrada, ya que el TJUE en sentencia de fecha 14 de junio de 2017, anuló la disposición que preveía el DL 28/2010; por otro lado, las diferentes ventajas fiscales establecidas han generado una promoción y difusión de este medio de solución de conflictos de manera notoria dando así, cumplimiento al objetivo marcado por la normativa comunitaria.

Por último, no podemos finalizar de analizar la precursora tarea legislativa italiana sin hacer una breve referencia a dos resoluciones del TJUE con referencia a la obligatoriedad de la mediación y su colisión con el derecho a la tutela judicial efectiva, ambos asuntos directamente vinculados con la normativa del país transalpino. En las dos sentencias que comentaremos el Alto Tribunal comunitario, ha realizado, como no podía ser de otra forma, una labor encomiable, señalar o precisar cuáles

---

121.   CHELIZ INGLES, C., "La UE y la armonización de la regulación en materia de mediación: ¿Hacia una mediación obligatoria en todos los Estados Miembros?", *Revista de Estudios Europeos,* nº 71, enero-junio, 2018, pág. 198.

son los requisitos o las pautas que los Estados miembros deben tener presentes si desean instaurar en sus legislaciones nacionales la obligatoriedad de la mediación como requisito previo al acceso a la jurisdicción, en determinados asuntos.

En una primera sentencia de fecha 18 de marzo de 2010 el TJUE puso claridad en la contraposición de dos principios en juego: la voluntariedad de las partes a acudir a la mediación y el respeto al derecho a la tutela judicial efectiva. El asunto tratado tuvo su origen en una cuestión prejudicial interpuesta por el Juez de Paz de la Isla de Ischia, Nápoles. Las actoras demandantes, clientes de las empresas de servicios de telecomunicación Telecom Italia, SpA, y Wind SpA, interpusieron demandas de forma individual por reparación de daños sufridos por incumplimiento de contrato de las compañías citadas. Las empresas manifestaron que la reclamación presentada debía ser inadmitida por incumplir el requisito previo de haber intentado la conciliación extrajudicial obligatoria previa a la demanda judicial. Por tanto, la cuestión prejudicial planteada quedó resumida en determinar si el art. 34 de la Directiva 2002/22/CE relativa a los servicios universal y los derechos de los usuarios en relación con las redes y los servicios de comunicaciones electrónicas (principalmente el art. 34).

Dicha normativa comunitaria contempla unos requisitos mínimos que deben ser respetados y previstos en los procesos extrajudiciales que los Estados miembros regulen en su ordenamiento interno. Uno de ellos es la transparencia, que lleva aparejado que esté perfectamente individualizado el organismo competente en llevar a cabo la mediación o conciliación entre las partes. El otro, es la economía de costes, que implica la gratuidad o un coste muy reducido en el procedimiento. Ambos se cumplen en la normativa italiana, circunstancia que queda al margen del Tribunal europeo verificar, ya que es competencia del juez italiano remitente de la cuestión prejudicial. Por ello, TJUE pasa a analizar el tema del respeto o no al principio de la tutela judicial efectiva, recogido en el art. 6 del Convenio Europeo para la Protección de los Derechos Humanos y de

Libertades Fundamentales, análisis que hace a la luz del principio de equivalencia y el de efectividad.

Según Moya Hurtado, el principio de equivalencia significa que *las normas nacionales que regulen las acciones derivadas del Derecho de la Unión, no pueden ser menos favorables que las establecidas para el ejercicio de las acciones del Derecho interno, asegurando así idéntica protección a los Derechos surgidos en ambos ámbitos*[122]. Lo que significa que todo derecho emanado de la normativa de la UE no puede ser regulado por un Estado miembro, en este supuesto, por Italia, de forma más gravosa que los derechos ya previstos en el ordenamiento jurídicos internos de los países. Circunstancia que no se produjo en el supuesto estudiado, por ello pasa a considerar el segundo principio.

En tal sentido el principio de efectividad tiene como finalidad prevenir y prohibir que las leyes internas de un país miembro imposibiliten o hagan muy dificultoso el ejercicio de los derechos comunitarios, dentro del sistema normativo nacional. En esta dirección hay que plantear la ley italiana ya que la imposición de tener que concurrir a un intento de mediación extrajudicial previo, como requisito de la admisibilidad de una posterior demanda judicial, podría obstaculizar el derecho a la tutela judicial, derecho expresamente consagrado por la legislación comunitaria.

El TJUE resalta que la conciliación o mediación no imposibilita ni tampoco dificulta sobremanera el ejercicio de la tutela judicial efectiva, es decir que no limita ni bloquea el acceso a los tribunales, por los siguientes motivos: a) el resultado de dicha mediación no es vinculante; b) no hay un retraso importante para el posterior ejercicio de la acción judicial; c) se interrumpe los plazos de prescripción; d) que no se producen gastos extras ante el organismo mediador (CORECOM), ya que su

---

122.   Moya Hurtado De Mendoza, F., "Efectividad del Derecho de la Unión Europea vs. Principio Constitucional de Imperio de la Ley", *Uned Revista de Derecho Político*, n°. 99, 2017, pág. 399 y ss.

actuación es gratuita; e) se permite adoptar medidas provisionales en aquellos supuestos en los que sea necesario y urgente; y f) porque se admite otros medios diferentes a la vía electrónica, que no puede ser la única, ya que dificultaría muchísimo el acceso a los tribunales a aquellos que carecieran de internet.

En la misma dirección se manifestó el TJUE con fecha 14 de junio de 2017, en una cuestión prejudicial incoada por el Tribunal Ordinario de Verona, en el ámbito del derecho de consumo, al afirmar que la Directiva en cuestión (2013/11 sobre derechos de los consumidores) admite que los Estados miembros establezcan la obligatoriedad de procedimientos ADR, siempre que su legislación no impida a las partes ejercer su derecho de acceso al sistema judicial, con los mismos requisitos que hemos expuestos anteriormente, añadiendo en este caso concreto, la innecesariedad de que las pares estén asistidas por un abogado durante la mediación y la no imposición de sanciones o repercusiones negativas a las partes que se retiren de este procedimiento.

Así pues, una labor meritoria la de Italia al ser el primer Estado de la Unión en establecer la mediación obligatoria en su ordenamiento jurídico, convalidada por las más importantes instancias judiciales comunitarias, respetando los requisitos legales marcados y respetuosa de los derechos fundamentales de los ciudadanos.

Al país transalpino le siguieron un reducido número de países europeos, Francia, para diversos asuntos familiares, de condominio y mercantiles; en Chequia, Hungría y Croacia, es obligatoria la mediación para algunos asuntos de Derecho de familia. Otros países, tratan de fomentar la mediación por medio de intensivos de carácter económico y financieros, por ejemplo, con el reembolso o reducción de las tasas judiciales si se alcanza un acuerdo en el proceso. En Eslovaquia se reembolsa un 30%, 50 o 90% de las tasas judiciales según la fase del proceso en la que se llegó a un acuerdo. Otros ofrecen una mediación gratuita, como es el caso de Luxemburgo que extiende la asesoría jurídica gratuita en caso de mediación judicial y mediación familiar.

En esta dirección la Directiva 2003/8/CE amplía el derecho a la asistencia jurídica gratuita en los conflictos transfronterizos, si la ley exige que las partes recurran a la mediación o si las partes son conminadas por los jueces a utilizar este medio alternativo de solución de conflictos.

Que, duda cabe que la mediación reporta un sinfín de beneficios que fuimos describiendo a lo largo de nuestro trabajo, pero se necesita seguir avanzando en este cambio cultural, y para ello debemos, como en la introducción, hacer una política activa de enseñanza del proceso de mediación, en los colegios, universidad, en los másteres, como lo ha realizado nuestra Facultad de Ciencias del Trabajo de la Universidad de Cádiz, y por supuesto, en el ámbito judicial y profesional, con intensivos económicos atractivos.

Bibliografía

Agüero Ortiz, A., "La transposición de la Directiva 2013/11/UE, al ordenamiento jurídico español a través de la Ley 7/2017 de 2 de noviembre", en *La resolución de conflictos con consumidores: de la mediación a las ODR*, Barrals Viñals, I.,(Dir.), Reus, Madrid, 2028.

Alessa, H., "El papel de la inteligencia artificial en la resolución de disputas en línea: una descripción breve y crítica", *revista Ley de Tecnología de la información y las comunicaciones*, 31, pág. 319 https://doi.org/10.1080/13600834.2022.22088060.

Alzate Sáez De Heredia, R., y Vázquez De Castro, E., *Resolución de disputas en línea (RDL). Las claves de la mediación electrónica*, Reus, Madrid, 2014.

Barona Vilar, S., *Mediación en asuntos civiles y mercantiles en España*, Tirant lo Blanch, Valencia, 2013, pág. 434.

Bonet Navarro, A.; Calatayud Sierra, A.; Herrero Perezagua, Juan F.; López Sánchez, J. *Proceso civil y mediación. Su análisis en la Ley 5/2012, de mediación en asuntos civiles y mercantiles*. Aranzadi, Navarra, 2013.

Brett, J., Barsness, Z. y Goldberg, S., "La eficacia de la mediación. Un análisis independiente de casos gestionados por cuatro importantes proveedores de servicio", en Burns, M.I. (coord.), *Suplemento de Resolución de Conflictos (R.C.)*, La ley, Buenos Aires, 1997, pág. 1-9.

CAMPOS RIVERA, G., "La responsabilidad civil deriva del uso de la IA. Situación actual y reto para el futuro reglamento europeo", *Revista Jurídica de la Universidad Autónoma de Madrid*, nº 46, 2022, pág. 195.

CAZORLA GONZÁLEZ, M.J., "La mediación de consumo en el arbitraje institucional", 2009 workshop internacional sobre adr/odrs. construyendo puentes: marco jurídico y principios. Universitat Oberta de Catalunya (UOC), internet interdisciplinary institute (in3), 15 de septiembre de 2009. (http://www.uoc.edu/symposia/adr/).

CHELIZ INGLÉS, C., "La UE y la armonización de la regulación en materia de mediación: ¿Hacia una mediación obligatoria en todos los Estados Miembros?", *Revista de Estudios Europeos,* nº 71, enero-junio, 2018, pág. 198.

DE CASTRO, F., *El negocio jurídico*, Tecnos, Madrid, 1967.

DE CUEVILLAS MATOZZI, I., *Fundamentos de derecho civil español*, 6ª ed., Tecnos, Madrid, 2022.

DE CUEVILLAS MATOZZI, I., "Las nuevas tecnologías y la mediación de consumo", en Cervilla Garzón, M.D. (Dir) *Consumidores y nuevas tecnologías,* Atelier, Barcelona, 2024.

DE LA OLIVA SANTOS, A., "Mediación y justicia: síntomas patológicos", en *Otrosí*, núm. 8, octubre 2011, pág.12.

DÍAZ LAMONEDA, F., y otros, *Ley 5/2012 de 6 de julio. Comentarios a la ley de mediación en asuntos civiles y mercantiles*, ePraxia, Sevilla, 2013.

EBERS, M., "La utilización de agentes electrónicos inteligentes en el tráfico jurídico: ¿necesitamos reglas especiales en el Derecho de la responsabilidad civil?", *Indret Revista para el Análisis del Derecho,* nº 3, 2016, pág. 8.

FELIÚ REY, J., "La mediación en asuntos civiles y mercantiles en España: De la voluntariedad a la obligatoriedad", en *Cuadernos de Derecho Trasnacional*", vol. 14, nº 2, octubre 2022, pág. 407.

FERNÁNDEZ PÉREZ, A., *Interacción entre mediación y arbitraje en la resolución de litigios internacionales en el siglo XXI*, Aranzadi, Cizur Menor, Navarra, 2021.

FOLBERG, J. Y TAYLOR, A., *Medición, resolución de conflictos sin litigio,* Limusa, Noriega editores, México, 1997.

FONT, J.L., "El uso de la inteligencia artificial en la mediación: ¿quimera o realidad", *Revista IUS,* vol. 15, pág. 48.

FUENTES, J., "El procedimiento extrajudicial para la restitución de las cantidades pagadas en aplicación de las cláusulas suelo", *Revista de Derecho Civil*, n° 4, 2017, pág. 220.

FRANCO CONFORTI, O.D., "La sesión informativa obligatoria en la mediación intrajudicial en España", en *Diario La Ley,* n° 8486, 2015.

GARCIA VILLALUENGA, L., "La mediación civil en España: luces y sombras de un arco normativo", *Revista Política y sociedad, n° 1, 2013.*

GINEBRA MOLINS, M.E., y Tarabal Bosch, J., "La obligatoriedad de la mediación derivada de la voluntad de las partes: las cláusulas de Mediación", *Revista para el análisis del derecho In-Dret,* vol. 4, Barcelona, 2013, pág. 25.

GISBERT POMARA, M., *El contrato de mediación y el acuerdo de mediación civil y mercantil,* Thomson-Civitas, Pamplona, 2014, pág. 162.

GOLDBER, S., "The secrets of successful mediators", *Negotiation journal,* vol. 21, n° 3, 2005, pág. 276.

GÓMEZ LIGÜERRE, C., "Liability for artificial intelligence and other emerging technologies", *Revista para el análisis del Derecho*, n°. 1, 2020, pág. 501.

Gómez Riesco, J., "Los robots y la responsabilidad extracontractual", en BARRIO ANDRÉS, M., *Derecho de los robots*, Wolters Kluwer, Madrid, 2018, pág. 170.

GONZÁLEZ-CUELLAR SERRANO, N., "La ejecución judicial de títulos extrajudiciales", *revista El Notario del S. XXI*, núm. 39, sept.-oct. 2011.

GRISERY, P., "Giving rights to robots is a dangerous idea", en *https://www.theguardian.com/technology/2017/jan/16/giving-rights-to-robots-is-a-dangerous-idea.*

GULLÓN BALLESTEROS, A., *La transacción,* Instituto nacional de estudios jurídicos, Madrid, 1964.

HERRERA DE LAS HERAS, R., "La mediación obligatoria para asuntos civiles y mercantiles", *InDret*, 1/2017, Barcelona, enero 2017.

JORQUI AZOFRA, M., *Responsabilidad por daños causados por productos y sistemas de inteligencia artificial*, Dykinson, Madrid, 2023.

LAÍN MOYANO, G., "Responsabilidad en inteligencia artificial: Señoría mi cliente robot se declara inocente", *Revista Ars Iuris Salmanticencis*, vol. 9, junio 2021, pág. 202.

LAMBEA RUEDA, A., "Entorno digital, robótica y menores de edad", *Revista de Derecho Civil*, nº 4, 2018, pág. 212.

LÓPEZ DE ARGUMEDO, A., "El acuerdo de mediación", en *Diario La Ley,* núm. 8477, sección doctrina, 2015.

LÓPEZ HERNÁNDEZ, J.M., *El procedimiento de la mediación en asuntos civiles y mercantiles. Aspectos jurídicos*. Uno editorial, Albacete, 2014, pág. 185.

LORCA NAVARRETE, A.M., *Mediación en asuntos civiles y mercantiles*, Instituto Vasco de Derecho Procesal (IVADP), San Sebastián, 2012, p. 183.

MARTIN CASALS, M., "Las propuestas de la Unión Europea para regular la responsabilidad civil y los daños causado por sistemas de inteligencia artificial", InDret nº 3, 2023, pág. 67.

MARTÍN DIZ, F., "Mediación en derecho privado: nuevas perspectivas prácticas", en *Revista General de Derecho Procesal*, núm. 32, 2014, p. 30.

MARTÍN DIZ, F., "ADR, ODR e inteligencia artificial: evolución en el arbitraje y la mediación", en FERNÁNDEZ PÉREZ, A., *Interacción entre mediación y arbitraje en la resolución de litigios internacionales del siglo XXI*, Aranzadi, Cizur Menor, Navarra, 2021, p. 103.

MARTÍN PASTOR, J., "Efectos de la Ley 5/2012 sobre ejecución forzosa", *Práctica de tribunales: revista de derecho procesal civil y mercantil, nº 98-99, 2012, pág. 3.*

MARTOS, B., "Riesgos de la inteligencia artificial", *blog amnistía internacional*, https://www.amnesty.or/es/latest/press-release/2220/09.

MCILWRATH, M. Y SAVAGE, J., *International Arbitration and Mediation: A Practical Guide*, Kluwer Law International, 2010.

MENDIZÁBAL, I. A. N., *La responsabilidad civil en tiempos de la ia y los robots. En Robótica y la inteligencia artificial en la nueva era de la revolución industrial 4.0: los desafíos jurídicos, éticos y tecnológicos de los robots inteligentes (IA, Robots, y Bioderecho)*, Dykinson, Madrid, pág.

MERELLES PÉREZ, M., "Sanción por mala fe procesal por no intentar la mediación", en *Diario La Ley,* nº 8490, 27 de febrero de 2015, pág. 3.

MERINO NOGALES, M., *Contrato de mediación y acuerdo mediacional conforme a la legislación española. Eficacia jurídica de los acuerdos alcanzados,* Universidad Internacional de Andalucía, Sevilla, 2012.

MIRANZO DE MATEO, S., ¿Quiénes somos, a dónde vamos…origen y evolución del concepto de mediación", *Revista de Mediació*n, nº 5, marzo 2010.

MOYA HURTADO DE MENDOZA, F., "Efectividad del Derecho de la Unión Europea vs. Principio Constitucional de Imperio de la Ley", *Uned Revista de Derecho Político*, nº. 99, 2017, pág. 399.

NAVARRETE, A.M., *Mediación en asuntos civiles y mercantiles*, Instituto Vasco de Derecho Procesal (IVADP), San Sebastián, 2012.

NAVARRO MENDIZÁBAL, I., "La responsabilidad civil en tiempos de la ia y los robots". *En Robótica y la inteligencia artificial en la nueva era de la revolución industrial 4.0: los desafíos jurídicos, éticos y tecnológicos de los robots inteligentes (IA, Robots, y Bioderecho)*, Dykinson, Madrid, 2021, pág. 198.

NAVAS GLEMBOTZKY, J., "El enforcement del acuerdo de mediación civil y mercantil en el análisis, estudio comparado y recomendaciones", en *Revista para el análisis del derecho* (InDret), Barcelona, abril 2014.

ORTIZ PRADILLO, J.C., "La Mediación en asuntos civiles y mercantiles: propuestas para la incorporación de la Directiva 2008/52/CE al Derecho español", en *Revista General de Derecho Procesal*, núm. 26, 2012, p. 37.

PALOU I LOVERDOS, J., "La mediación como sistema de resolución alternativa de conflictos. Una nueva visión del conflicto", 1º Congreso de mediación comunitaria, El Prat de Llobregat, Barcelona, 2000, citado por GORDILLO SANTANA, L., *La justicia restaurativa y la mediación penal*, Iustel, Madrid, 2007.

PARDO IRANZO, V., *La ejecución del acuerdo de mediación*, Thomson-Reuters-Aranzadi, Pamplona, 2014, p. 118.

PÉREZ GURREA, R., "Estudio sistemático, normativo y doctrinal de la mediación en asuntos civiles y mercantiles", *Revista Digital Facultad de Derecho*, núm. 6, 2013, pp. 194-223.

PILIA, C Y MACALEONI, A.M. "La mediación en Italia: con la mediación civil y mercantil, Italia elige Europa", en *Revista Aranzadi de Derecho Patrimonial,* nº. 28, 2012, pág. 387.

RIPOL JAÉN, A., "Mediación: teoría y práctica", en www.notariosyregistradores.com/contrato-de-mediación-y-modelos, 2013, (última consulta 5 de junio de 2024).

RIUS, M., "¿Urge ya regular los derechos de los robots en Europa? 2018, https://www.lavanguardia.com/tecnologia/20180417/442631680924/derechos-robots-ue-persona electronica-ia.html.

SÁNCHEZ MARTÍ, P., "Incidencia de la mediación en el proceso civil", *La Ley*, núm. 98, Práctica de Tribunales, sección estudios, noviembre-diciembre, 2012.

SANTOS GONZÁLEZ, M.J., "Regulación legal de la robótica y la inteligencia artificial: retos de futuro", *Revista Jurídica de la Universidad de León,* nº 4, 2007, pág. 40.

SANTOS VIJANDE, J. M., "Tratamiento procesal de la mediación y eficacia ejecutiva del acuerdo de mediación en la Ley 5/2012", *revista Internacional de Estudios de Derecho Procesal y Arbitraje*, núm. 1, marzo 2013, pág. 19.

SAVIGNY, F., *Sistema de Derecho Romano Actual,* Comares, Granada, 2005.

SIGÜENZA LÓPEZ, J., *Mediación extrajudicial y proceso civil*, Thomson Reuters-Aranzadi, Pamplona, 2018, p. 125.

SOLER PASCUAL, L.A., "La ejecución del acuerdo de mediación. La elevación a escritura pública. Problemática", *La Ley*, núm. 98,

Práctica de Tribunales, sección estudios, noviembre-diciembre 2012.

TAMAYO HAYA, S., "La mediación familiar desde una perspectiva comparada", en Arranz de Andrés C. y Serna Vallejo, M. (coord.) *Estudios de Derecho español y europeo*, Universidad de Cantabria, 2009, pág. 952.

VALIÑO CES, A., *La mediación extrajudicial, intrajudicial y electrónica*, Colex, Madrid, 2023, p. 206.

VARGAS PÁVEZ, M., "Mediación obligatoria: algunas razones para justificar su incorporación", en *Revista de Derecho,* vol. XXI, n° 2, diciembre 2008, pág. 192.

VÁZQUEZ DE CASTRO, E., *Habilidades y procedimientos en la mediación, de la teoría a la práctica de los MASC*. Thomson Reuters Aranzadi, 2022.

VÁZQUEZ DE CASTRO, E., "La mediación electrónica o en línea, tecnología en la mesa de mediación", en LILLIU, S., (Dir), *El renacer de la tecnología tras la pandemia: una justicia alternativa de futuro*, Benigno Choque Cuenca (ed.), 2020.

VÁZQUEZ DE CASTRO, E., "La mediación en España: luces y sombras de un marco normativo", en *Revista Política y sociedad,* n° 50, 2013, pág. 71.

VILALTA NICUESA, A., "La resolución de conflictos en línea", *Estudio jurídico,* Zaragoza, 2016, pág. 17.

YAGÜE, F., *Robótica y la inteligencia artificial en la nueva era de la revolución industrial 4.0: los desafíos jurídicos, éticos y tecnológicos de los robots inteligentes (IA, Robots, y Bioderecho)*, Dykinson, Madrid, 2021.